Sur les phénomènes d'hybridité dans le genre Homo

Paul Broca et C. Carter Blake

Writat

Cette édition parue en 2023

ISBN : 9789359250199

Publié par
Writat
email : info@writat.com

Contenu

PRÉFACE DE L'ÉDITEUR.

LE Comité de Publication de la SOCIÉTÉ ANTHROPOLOGIQUE m'a fait l'honneur de me confier la tâche d'éditer le précieux petit volume du Dr Broca. Ce devoir, je l'ai maintenant rempli, et j'espère que les membres de la Société et le grand public éprouveront le même plaisir à lire la traduction que celui que j'ai reçu lors de ma première lecture de l'original.

Les causes qui ont amené le comité à suggérer la publication de la présente traduction sont lucidement exprimées par la devise que le Dr Broca a placée sur sa page de titre. L'esprit public est si peu au courant des faits réels relatifs à l'hybridité des races humaines, que son enquête, « *non ex vulgi opinione, sed ex sano judicio* », est nécessaire au progrès efficace de notre science. Un tel appel nécessite cependant que l'ensemble du sujet soit à nouveau révisé, et pour atteindre ce but, la lecture d'un ouvrage sur des principes similaires à celui du Dr Broca devient la condition première des recherches futures. On peut dire qu'aucun ouvrage qui étudie aussi complètement le sujet de l'hybridité humaine n'a jamais été publié, et le Conseil ayant confirmé la recommandation du Comité de publication, je me suis efforcé d'accomplir la tâche qui m'a été assignée avec autant de chances de succès que possible. pouvait être anticipé au milieu de la pression de vocations nombreuses et laborieuses sans rapport avec la Fraternité.

La nécessité de la publication de cet ouvrage en Angleterre peut être comprise lorsque l'on réfléchit aux idées peu définies qui font partie intégrante de l'héritage intellectuel des Anglais, même les plus instruits, en ce qui concerne les problèmes d'anthropologie. On nous a si souvent dit que toutes les races d'hommes se sont révélées fertiles *entre elles* , que beaucoup ont conçu que les lois qui régissent cette prétendue fécondité sont établies et fixées, au-delà de la réfutation, ou même du doute. L'auteur et l'éditeur des pages suivantes sont cependant d'un avis différent ; et se contentent d'attendre l'accumulation de faits futurs.

Pour éviter toute interprétation erronée que l'on pourrait donner de mon propos sur ce sujet, je citerai les paroles du grand philosophe hollandais :

«Je n'invite donc pas le vulgaire, ni ceux dont l'esprit, comme le leur, est plein de préjugés, à la lecture de ce livre. Je préférerais de loin qu'ils le négligent entièrement, plutôt que d'en interpréter mal le but et le contenu, comme ils en ont l'habitude. »

J'aurais ressenti davantage de satisfaction si la tâche d'interpréter les pensées du grand maître français de notre science était tombée entre de meilleures mains que les miennes. Les méthodes habituelles de pensée du Dr PAUL BROCA sont si exactes, son style si concis, sa connaissance de la littérature anthropologique si vaste et son pouvoir d'application et de concentration d'idées si puissant, qu'une juste préférence aurait pu choisir un autre éditeur. . Il n'a guère été nécessaire pour moi d'ajouter une seule note à l'exposé lucide du secrétaire de notre société mère.

C'est un agréable devoir de remercier mon ami le Dr James Hunt, président de notre Société, pour la gentillesse avec laquelle il m'a confié la rédaction de ce volume, et pour de nombreuses suggestions très précieuses à son sujet. Mes remerciements vont également à mon collègue MJ Frederick Collingwood, pour son aide amicale dans l'exercice des fonctions de secrétariat et pour les loisirs qui m'ont permis de rédiger cet ouvrage.

Au Conseil et à la Société, je confie maintenant ce petit traité, un gage des ouvrages les plus importants qui seront publiés par la suite au cours de l'année 1864, dans l'espoir qu'il pourra finalement faire progresser les meilleurs intérêts de la science que tous les anthropologues sincères doivent désirer. aider.

BCC

4, PLACE SAINT-MARTIN ,
mars 1864.

NOTE DU GLOSSAIRE.

Sont annexées les significations des mots suivants, habituellement employés par le docteur Broca :

AGÉNÉSIQUE. Métis de la première génération, totalement stériles, ni entre eux, ni avec les deux espèces parentales, et ne pouvant par conséquent produire ni des descendants directs, ni des métis de la deuxième génération.

DYSGÉNÉSIQUE. Des bâtards de la première génération, presque entièrement stériles.

un. Infertiles entre eux, donc sans descendance directe.

b. Ils se reproduisent parfois, mais rarement et difficilement, avec l'une ou l'autre espèce parentale. Les métis de la deuxième génération, issus de ce métissage, sont stériles.

PARAGÉNÉSIQUE. Métis de la première génération ayant une fécondité partielle.

un. Ils ne sont guère fertiles ou infertiles *entre eux* , et lorsqu'ils produisent des descendants directs, ceux-ci ont simplement une fécondité décroissante, tendant à une extinction nécessaire au bout de quelques générations.

b. Ils se reproduisent facilement avec au moins une des deux espèces parentales. Les métis de la seconde génération, issus de ce second élevage, sont eux-mêmes et leurs descendants fertiles *entre eux* , et avec les métis de la première génération, avec les espèces pures alliées les plus proches, et avec les métis intermédiaires issus de ces divers croisements.

EUGÉNÉSIQUE. Métis de la première génération entièrement fertiles.

un. Ils sont fertiles *entre eux* , et leurs descendants directs le sont également.

b. Ils se reproduisent facilement et sans distinction avec les deux espèces parentales ; les métis de la seconde génération, à leur tour, sont, eux et leurs descendants, indéfiniment féconds, soit *entre eux* , soit avec les métis de toutes espèces qui résultent du mélange des deux espèces parentales.

SECTION I.

OBSERVATIONS GÉNÉRALES SUR LE CROISEMENT DANS LES RACES HUMAINES.

CET écrivain très ingénieux, MA de Gobineau [1], dont les efforts ont été dirigés vers l'application de la lumière de l'ethnologie moderne à l'histoire politique et sociale des nations, mais qui, dans cette enquête très difficile et presque entièrement nouvelle, a plus d'une fois se livrant à des généralisations paradoxales, a cru bon d'affirmer, dans son *Essai sur l'inégalité des races humaines* (1855), que le croisement des races produit constamment des effets désastreux, et que, tôt ou tard, une dégénérescence physique et morale en est le résultat inévitable. celui-ci. C'est donc principalement à cette cause qu'il attribue le déclin de la République romaine et la chute de la liberté, bientôt suivies par le déclin de la civilisation. Je suis bien loin de partager son opinion, et, si c'était le lieu, je pourrais montrer que la corruption sociale et la dégradation intellectuelle qui préparaient la ruine de la puissance romaine étaient dues à des causes bien différentes. La proposition de M. Gobineau me paraît beaucoup trop générale ; et je suis encore plus opposé à l'opinion de ceux qui avancent que toute race mixte séparée des souches parentales est incapable de se perpétuer. [2] On a même affirmé que les États-Unis d'Amérique, où la race anglo-saxonne est encore prédominante, mais qui est envahie par des immigrants de diverses autres races, sont, par là même, menacés de décadence, dans la mesure où cette immigration continue peut avoir pour effet de produire une race hybride contenant le germe d'une future stérilité. Ne savons-nous pas que, sur la foi de ce pronostic, un certain parti a proposé de restreindre l'immigration étrangère, et même en Angleterre, il y a eu des hommes sérieux qui ont prédit, pour des raisons ethnologiques, le renversement des États-Unis, tout comme Ezéchiel a prédit la ruine d'Alexandrie.

Quand nous voyons la prospérité et la puissance du nouveau continent croître avec une rapidité sans précédent, nous ne pouvons certainement pas croire à une telle prédiction. Il doit cependant y avoir un certain nombre de faits fondamentaux qui ont conduit même les monogénistes à nier la viabilité de *toutes* les races croisées. Ils ont dû chercher en vain parmi les nations de la terre une race manifestement hybride, aux caractères bien définis, intermédiaire entre deux races connues, se perpétuant sans le concours des races parentales.

« Quand les faits cités plus haut, dit M. Georges Pouchet, ne suffisent pas à prouver qu'une race métis ne peut pas être engendrée, peut-on en trouver une quelque part ? Trouve-t-on un peuple conservant un type moyen entre deux autres types ? On ne les voit nulle part aussi peu qu'une race de mulets.

Le fait est qu'une telle race, un tel type ne peut avoir qu'une existence subjective éphémère. [3]

Exemples prétendus de races hybrides (note sur les Griquas d'Afrique australe)

La question de savoir où trouve-t-on des races hybrides subsistant par elles-mêmes a été posée devant M. Pouchet. Le Dr Prichard, en y répondant, ne put trouver que trois exemples : — 1. Les Griquas, descendants des Hottentots et des Hollandais. 2. Les Cafusos des forêts de Varama (Brésil), race décrite par Spix et Martius et, selon eux, descendance d'indigènes américains et de nègres africains. 3. Les Papous à tête de vadrouille habitant l'île de Waigiou et les îles environnantes ainsi que la partie nord de la Nouvelle-Guinée, et qui, d'après MM. Quoy et Gaimard, sont une race hybride, issue d'une union de Malais et de Papous proprement dits. [4]

Ces trois exemples ont été critiqués et sont effectivement sujets à objections. Nous ne savons presque rien des Cafusos, et personne ne peut affirmer avec certitude qu'ils sont restés sans mélange avec la race indigène ; mais nous savons avec certitude que les Griquas se sont élevés depuis le début de ce siècle autour d'une mission protestante, par la fusion de quelques familles *bâtardes hollandaises-hottentotes* avec un grand nombre de la race Hottentote, des Bosjesmen et de la race Cafre. Cet exemple ne prouve donc nullement qu'un métis puisse se perpétuer séparément. [6]

Quant aux Papous à tête de vadrouille, ils vivent dans une région dont l'ethnographie est à peine connue. MM. Quoy et Gaimard estiment qu'ils sont issus d'un mélange entre les Malais et les Nègres indigènes (*sic*) ; mais ils n'avançaient cette opinion qu'à titre d'hypothèse : « Ils nous paraissaient tenir une place intermédiaire entre ces gens-là (les Malais) et les Nègres, en ce qui concerne le caractère, la physionomie et la nature de leurs cheveux. » [7] C'est tout ce que disent ces auteurs ; mais M. Lesson, au lieu de citer cela comme une simple hypothèse, dit : « Ces gens ont été parfaitement décrits par MM. Quoy et Gaimard, qui furent les premiers à *démontrer* qu'ils constituent une race hybride, et sont, *sans conteste* , issus de Papous (proprement ainsi appelés) et de Malais situés dans ces régions, et qui forment la masse de la population. M. de Rienzi, au contraire, a décrit deux variétés d'hybrides papous : l'une variété issue d'un croisement entre les Papous et les Malais, les Papou-Malais ; la seconde variété, issue d'un mélange entre les Papous et les Alforiens-Endamènes, les Pou-Endamènes. [8] Il y a déjà une complication ici. Vient maintenant M. Maury, qui soutient que la race issue des Papous et des Malais est la race Alforienne. [9] Que conclure de ces contradictions ? M. Quoy et Gaimard ont eu une certaine impression, M. Rienzi a eu une impression un peu différente, à laquelle les autorités citées par M. Maury sont tout à fait opposées. Tout n'est donc encore qu'hypothèse, et la question est encore douteuse. Dans cette incertitude, on pourrait se demander si les Malais, les Alfourous, les Papous à tête de vadrouille et les Papous proprement dits ne seraient pas autant de races pures. Ce n'est pas seulement dans la région des Papous à tête de vadrouille que l'on rencontre les trois autres races. Les Malais, peuple envahisseur *par excellence* , se sont établis, comme les Anglais, sur toutes les côtes accessibles à leurs navires, et si la race à tête de mop n'occupe qu'un district très restreint, et est parfaitement inconnue ailleurs où les mêmes éléments sont présent, il nous est permis de conclure qu'il n'est pas le résultat d'un mélange. De plus, le Dr Latham, le plus zélé des élèves du Dr Prichard, nous informe que M. Earle a vu et décrit « les hybrides réels et incontestables » des Papous et des Malais, et que ceux-ci sont tout à fait différents des Papous à tête de vadrouille. . [dix]

On verra que l'exemple des Papous est un pire choix que celui des Griquas, puisqu'il est très probable que ces hommes à tête de vadrouille, dont le type a été si parfaitement décrit par Dampier il y a deux siècles, ayant été conservés depuis sans altération, sont une race pure. En admettant même qu'il soit démontré qu'ils appartiennent à une race hybride, ils ne peuvent guère être cités comme une race mixte persistant par eux-mêmes, puisque, loin de vivre isolés des deux races dont ils sont censés être issus, ils vivent avec eux dans les mêmes localités. MM. Quoy et Gaimard, dans leur description de ces prétendus métis, ajoutent qu'il y avait parmi eux des Nègres (nom sous lequel ils désignent les Papous proprement dits) qui faisaient partie de la tribu qui nous visitait quotidiennement. Il y avait même parmi eux deux individus de couleur plus élevée, qui, à tort ou à raison, étaient considérés comme des descendants d'Européens ou de Chinois. C'était donc un peuple très mélangé. M. Lesson, parlant de la population de la petite île de Waigiou [11] , dit qu'on y trouve deux races, les Malais et les Alfourous, outre les races hybrides des Papous : « Ce sont des hommes sans vigueur ni énergie morale, soumis à l'autorité des rajahs malais, et fréquemment réduit en esclavage par les insulaires environnants. [12] Mais on sait quelle est la conséquence de l'esclavage, surtout sous un climat équatorial et chez un peuple porté à l'incontinence. Il est donc tout simplement impossible que la race à tête de vadrouille de l'île de Waigiou reste à l'abri de tout mélange avec les

Alfourous et les Malais, et si cette race est réellement hybride, il n'est pas facile de voir comment Prichard et ses partisans sont autorisés à affirmer qu'ils persistent par eux-mêmes.

Les trois exemples avancés par Prichard s'étant ainsi révélés sans valeur absolue, une doctrine diamétralement opposée a été avancée. On a dit que puisque cet auteur était obligé d'aller si loin pour des exemples aussi indifférents, cela revient à prouver qu'il n'en pouvait pas trouver d'autres 13, [et] on en est arrivé à la conclusion qu'un métis n'a ni ne peut avoir de permanence. existence.

Cette affirmation nouvelle est parfaitement erronée, et si elle a trouvé des adeptes, c'est simplement parce que la question a été mal posée ; parce que le mot *race* n'a pas reçu de signification précise, et par conséquent qu'on a donné au terme une acception très confuse.

Parmi les divers caractères qui distinguent les nombreuses variétés du *genre homo* , quelques-uns sont plus ou moins importants et plus ou moins évidents. Pour distinguer deux races, un seul caractère, si léger soit-il, suffit, pourvu qu'il soit héréditaire et suffisamment fixé. Si, par exemple, deux peuples ne différaient l'un de l'autre que par la couleur des cheveux et de la barbe, bien qu'ils puissent se ressembler en tout autre point, par le simple fait que l'un a les cheveux noirs tandis que l'autre a les cheveux blonds, on peut affirmer qu'ils ne sont pas de la même race. C'est là le sens populaire et véritable du terme race, qui n'implique cependant pas nécessairement l'idée d'identité ou de diversité d'origine. Ainsi tous les ethnologues et historiens, tous les auteurs monogénistes et polygénistes disent que les Irlandais proprement dits ne sont pas de la même race que les Anglais. Les Germains, les Celtes, les Basques, les Esclaves, les Juifs, les Arabes, les Kabyles, etc., etc., sont considérés comme des races plus ou moins distinctes, plus ou moins faciles à caractériser, et plus ou moins distinguées par leurs mœurs, langues, histoire et origine. Il existe donc un grand nombre de races humaines ; mais si, au lieu de considérer tous les caractères, on se borne à ne prendre en considération que quelques-uns des plus importants, ou si, après avoir par un procédé analytique, étudié d'abord les diverses races séparément, on les soumet maintenant à un procédé synthétique. , on reconnaît bientôt qu'il existe entre eux de nombreuses affinités qui permettent de les disposer en un certain nombre de groupes naturels.

L'ensemble des caractères communs à chaque groupe constitue le type de ce groupe. Ainsi, toutes les races que nous venons d'énumérer, et bien d'autres, ont la peau blanche, les traits réguliers, les cheveux doux, la face ovale, les mâchoires verticales et le crâne elliptique, etc. Ces points de ressemblance leur donnent en quelque sorte un air de famille, par lequel on les reconnaît immédiatement, et qui les a fait désigner sous le nom collectif de races caucasiennes. Les races hyperboréennes, et celles de l'Asie orientale, constituent la famille des races mongoles ; le groupe des races éthiopiennes comprend également un grand nombre de races noires à cheveux laineux et à tête prognathe. Les races américaine et malayo-polynésienne forment les deux derniers groupes.

Il ne faut pas croire que toutes les races humaines puissent se ranger avec une égale facilité dans l'une ou l'autre de ces divisions ; il ne faut pas non plus croire que les traits caractéristiques d'un groupe soient également marqués dans toutes les races dépendantes ; ni même qu'ils se trouvent combinés dans aucune de ces races ; ni, enfin, qu'au centre de chaque groupe on trouve une race typique dans laquelle tous les personnages ont leur maximum de développement. Cela pourrait être le cas si toutes les races connues étaient descendues de cinq souches primitives, comme l'admettent plusieurs polygénistes, ou si, comme le pensent beaucoup de monogénistes, l'humanité, *une* au commencement, avait été peu après divisée en cinq troncs principaux, d'où sortaient , comme autant de branches accessoires, les nombreuses subdivisions qui constituent les races secondaires. Mais aucune race ne peut prétendre personnifier en elle-même le type auquel elle appartient. Ce type est fictif ; la description est idéale, comme les formes de l'Apollon du Belvédère. Les types humains, comme tous les autres types, ne sont que des abstractions, et à mesure qu'on attache plus d'importance à tel ou tel caractère, on obtient un nombre plus ou moins considérable de types. Ainsi, Blumenbach en a cinq, Cuvier seulement trois et Bérard en décrit quinze types. Ceci est également prouvé par le fait que, tandis que beaucoup de races s'attachent directement et évidemment à un type fixe, il en est d'autres appartenant à deux types très dissemblables. Ainsi les Abyssins sont de forme caucasienne et éthiopiens de couleur. La description des principaux types n'est donc qu'un procédé méthodique, propre à faciliter, par la formation d'un certain nombre de groupes, la comparaison des races humaines, et à simplifier la description partielle de chacune. Cette division a en outre l'avantage d'établir, pour la plupart des races, leur degré d'affinité ou de divergence relative. Elle s'accorde même jusqu'à un certain point avec leur répartition primitive à la surface du globe, qui a permis, sans faire violence aux faits, de distinguer les types par des dénominations empruntées à la géographie. [14]

Il existe dans l'esprit humain une tendance à personnifier les abstractions. Ces types idéaux ont usurpé une place dans le domaine des faits, de sorte qu'une existence réelle leur a été donnée. Les monogénistes en avaient, à proprement parler, le droit de le faire sans aucune violence contre leurs principes ; mais les polygénistes, qui ont suivi leur exemple, ont péché contre la logique. Les premiers attribuent toutes les variétés de l'espèce humaine aux nombreuses modifications de cinq races *principales* , issues elles-mêmes d'une souche commune, et les mêmes influences qui, d'après eux, ont produit à l'origine les races fondamentales, ont ensuite produit, par un procédé analogue, des races fondamentales. les races *secondaires* . Tout cela est suffisamment clair ; Telle était la question lorsque les polygénistes apparurent dans l'arène. Leurs premiers efforts visaient à attaquer la doctrine dans ses fondements essentiels et à démontrer que, par aucune causalité naturelle, les Blancs ne pouvaient être transformés en Nègres, ou les Nègres en Mongols ; ils proclamaient donc la multiplicité des origines humaines et la pluralité des espèces. Soit qu'ils aient reculé devant l'idée de provoquer une trop grande révolution dans la science, soit qu'ils aient pensé qu'elle conduirait plus tôt au triomphe de leur doctrine, ils ont retenu autant que possible le nombre des espèces et se sont bornés à supposer une souche primitive pour chacune des cinq races décrites par les Unitaires. Je n'affirme pas que tous les polygénistes ont suivi cette voie, car certains ont procédé de manière plus indépendante. Bory de Saint-Vincent, Desmoulins, P. Bérard, Morton, ont eu le courage de rompre entièrement avec le passé et de remodeler les divisions classiques. Ils ne trouvèrent cependant que peu d'imitateurs ; et beaucoup de polygénistes se contentent encore aujourd'hui d'attribuer une origine distincte à chacun des cinq troncs principaux, qui constituent pour les monogénistes les cinq races fondamentales, mais qui ne sont pour nous que des groupes naturels formés par l'union de races ou d'espèces de même nature. taper. Ils continuent aussi très souvent à utiliser le terme de *race* pour désigner l' *ensemble* de tous les individus de chaque groupe, adoptant ainsi par une sorte de transaction le langage de ceux dont ils rejettent le système ; et ainsi ils parlent de la race blanche ou caucasienne, de la race jaune ou mongole, de la race noire ou éthiopienne, etc., comme si tous ces individus de type caucasien se ressemblaient pour constituer une seule race ; comme si, par exemple, les Celtes bruns et les Germains blonds descendaient de la même souche primitive. Cette contradiction a donné prise aux monogénistes ; car si le climat et le mode de vie peuvent faire qu'un Allemand devienne un Celte, il n'y a aucune raison pour que, sous certaines influences, un Celte ne devienne pas un Berbère, un Berbère un Foulah, un Foulah un Nègre et un Nègre un Australien.

Je comprends aisément avec quelle prudence il faut employer en anthropologie le terme *d'espèce* . On ne peut guère l'utiliser avec certitude tant que la science n'a pas clairement circonscrit les limites de chaque espèce d'homme. Ce moment n'est pas encore venu et n'arrivera peut-être jamais, car, au milieu des changements constants produits par les croisements, les migrations et les conquêtes, et avec la certitude que plusieurs races, ou un grand nombre d'entre elles, ont disparu en leur sein. temps historique [15] , il semble impossible d'apprécier le degré de pureté de certaines races, de découvrir leur origine, de savoir si elles sont autochtones ou exotiques, si elles appartenaient originellement à telle ou telle faune, et de rétablir l'ethnologie de notre planète. comme c'était le cas au début. Fixer le nombre des espèces primitives d'hommes, ou même le nombre des espèces réelles, est un problème insoluble pour nous, et probablement pour nos successeurs. Les tentatives de Desmoulins et Bory de Saint Vincent n'ont produit que des esquisses imparfaites, qui ont conduit à des classifications contradictoires, où le nombre des divisions arbitraires est à peu près égal à celui des divisions plus naturelles.

Le terme espèce a, dans le langage classique, un sens absolu, impliquant à la fois l'idée d'une conformation particulière et d'une origine particulière, et si certaines races — les Australiens, par exemple — réunissent ces conditions à un degré suffisant pour constituer une espèce clairement marquée. , bien d'autres races pures ou métisses échappent, à cet égard, à une appréciation rigoureuse. C'est pour ces raisons que beaucoup de polygénistes, après avoir proclamé la multiplicité des origines de l'humanité, et avoir reconnu l'impossibilité de déterminer le nombre et les caractères des souches primitives, ont justement évité de diviser méthodiquement le genre humain en espèces. Beaucoup d'entre eux, cependant, qui pensaient qu'ils étaient néanmoins obligés d'établir des divisions, ont commis l'erreur d'accepter la base de la classification des monogénistes et, comme eux, d'établir cinq grandes familles humaines, et, comme eux , d'admettre que les individus de chaque famille sont issus d'un tronc commun, avec cette différence que, tandis que les monogénistes supposent que les cinq troncs primaires sont issus de la même souche et ont les mêmes racines, les pentagenistes (si l'on peut utilisez ce terme) supposons cinq stocks distincts et indépendants. Logiquement parlant, il aurait fallu nommer les cinq races fondamentales des *espèces monogénistes* , mais il est facile de comprendre que, pour bien des raisons, le terme espèce ne peut être employé ici dans un sens absolu. Les pentagénistes l'ont bien senti et, faute d'un meilleur terme, utilisent le mot *race* , qui a ainsi été détourné de son acception réelle.

Significations des mots race et type

Le mot *race* a ainsi, dans le langage des auteurs, deux significations bien différentes ; l'une est particulière et exacte, l'autre générale et trompeuse. Pris dans le premier sens, il désigne des individus suffisamment ressemblants entre eux, pour que l'on puisse, sans préjuger de leur origine, et sans décider s'ils sont issus d'un ou de plusieurs couples primitifs, admettre au besoin, comme théoriquement possible, qu'ils ont descendent de parents communs. Tels sont, par exemple, parmi les races blanches, les Arabes, les Basques, les Celtes, les Kimris, les Germains, les Berbères, etc. ; et parmi les races noires, les Noirs éthiopiens, les Cafres, les Tasmaniens, les Australiens, les Papous, etc.

Dans le second, c'est-à-dire dans un sens général, le terme race désigne l' *ensemble* de tous ces individus qui ont un certain nombre de caractères en commun et qui, bien que différents par d'autres caractères et divisés peut-être en un sens commun, Un nombre indéfini de groupes ou de races naturelles ont entre eux une plus grande affinité morphologique qu'avec le reste de l'humanité.

Toute confusion de mots nous expose à des erreurs dans l'interprétation des faits, et cette assez longue digression sur l'origine d'une dénomination, empruntée par certains polygénistes au langage des monogénistes, permet de comprendre la négation de l'existence des métis. , et pourquoi Prichard ne pouvait opposer à cette idée que les exemples douteux et fictifs des Cafusos, des Griquas et des Papous à tête de vadrouille.

S'il était en effet vrai qu'il n'y a que cinq races d'hommes sur le globe, et s'il était capable de démontrer que l'une d'elles, en se mélangeant à une autre, a produit des mulâtres eugénésiques capables de constituer une race mixte durable par elle-même, sans Avec le concours ultérieur des races parentales, l'embarras ne serait pas encore terminé. Après avoir réussi à établir une telle démonstration pour deux des races principales, il ne résulterait pas nécessairement que les croisements des neuf autres combinaisons soient eugénésiques comme la première. Il faudrait alors prouver (ce qui est évidemment impraticable), par dix exemples successifs, que les dix croisements possibles entre les cinq races fondamentales sont tous également et complètement féconds. La difficulté est telle que le Dr Prichard, après de nombreuses recherches, n'a pu retrouver que les trois exemples déjà cités et réfutés. Ces faits s'étant révélés non concluants, et d'autres faits que nous mentionnerons tout à l'heure ayant induit la théorie selon laquelle *certains* mélanges sont imparfaitement prolifiques, les pentagénistes ont été amenés à penser que la possibilité d'un mélange définitif de races n'est en aucun cas établie, et que, au contraire, cette possibilité peut être niée.

Les pentagénistes s'occupèrent d'abord principalement du mélange des cinq races principales ; mais même de ce point de vue, et en prenant le terme race dans un sens général, leur négation, bien que, il faut l'avouer, loin d'être justifiable, est néanmoins fondée sur des bases plus solides et moins éloignées de la vérité que la affirmation opposée. C'est pourquoi il a été considéré comme utile *à titre provisoire* . Mais le principe du non-métissage des races étant une fois promulgué, la confusion des termes devint bientôt apparente. La négation qui s'appliquait d'abord aux seuls groupes artificiels formés par la réunion de races de même type s'appliquait aux races naturelles, et c'est ainsi qu'est née cette proposition effrayante, qu'aucune race mixte ne peut subsister dans l' *humanité* .

Il est remarquable de constater à quel point cette théorie excessive et exclusive se distingue de la première, qu'elle a déplacée. Il y a un tel écart entre le point de départ et la conclusion, qu'il n'aurait jamais pu être comblé si le terme ambigu de *course n'avait pas* masqué la distance. Il est établi que les affinités d'organisation peuvent exercer une certaine influence sur les résultats du croisement. En étudiant les phénomènes d'hybridité chez les quadrupèdes et les oiseaux, nous avons déjà constaté que l'homœogenèse, sans être *toujours* proportionnelle au degré de proximité des espèces, décroît *ordinairement* en comparaison des animaux plus éloignés, et que la probabilité fait attendre des phénomènes semblables chez les animaux. le brassage des êtres humains. Mais quelles ont été les bases des monogénistes et des pentagénistes pour former les cinq groupes ethnologiques qui constituent les cinq races fondamentales ? Pourquoi toutes les races caucasiennes ont-elles été unies par eux en une seule famille et appelées par eux *la race blanche* ou race caucasienne ? On l'a déjà dit, parce que les races à peau plus ou moins blanche possèdent entre elles une plus grande affinité qu'avec aucune des autres races. En d'autres termes, la distance zoologique est moindre entre les Celtes, les Germains, les Kimris, etc., qu'elle existe entre eux et les Nègres, les Cafres, les Lapons, les Australiens, les Malais, etc.

En supposant maintenant qu'il ait été démontré — ce qui n'est pas le cas — que les races d'un groupe quelconque ne peuvent *jamais* engendrer une lignée durable et permanente par un mélange avec l'une des autres, pouvons-nous en déduire que les races d'un même groupe sont également égales ? incapable de produire par leurs mélanges des métis indéfiniment prolifiques ? Pas plus que la stérilité de l'union entre le chien et le renard ne permettrait d'inférer la stérilité entre le loup et le chien ; ces conclusions seraient aussi peu physiologiques que les premières. Ceux qui nient la fécondité des croisements réciproques des cinq principales races primaires pourraient se tromper sur certains points et avoir raison sur d'autres. Mais ceux qui étendent cette négation par trop générale en l'appliquant au mélange des races secondaires d'un même groupe commettent une erreur plus grave. Ils ont raisonné comme les monogénistes, qui sachant par expérience que *certaines* races humaines peuvent se mélanger sans limitation, ont affirmé que *toutes* les races, sans exception, sont dans une condition semblable. Il y a donc une étrange contradiction entre ces deux écoles ; l'un soutient résolument que toutes les races peuvent se mélanger, et que leurs descendants et leurs descendants seront aussi prolifiques que s'ils étaient d'une race pure, tandis que le second soutient tout aussi fermement qu'aucune race mixte ne peut avoir d'autre existence qu'une existence éphémère.

Entre ces affirmations opposées, on peut se demander où est la vérité ? Les faits doivent répondre à la question. Nous nous efforcerons d'en examiner quelques-uns. Certains faits sont en faveur des monogénistes, d'autres soutiennent l'opinion de leurs adversaires, d'où nous pourrons inférer que dans le genre *homo* , comme dans les genres de leurs mammifères, il y a différents degrés d'homœogenèse, selon les les races ou espèces; que les croisements de certaines races sont parfaitement eugénésiques ; que d'autres occupent une position moins élevée dans la série de l'hybridité ; et enfin qu'il existe des races humaines dont l'homœogenèse est encore si obscure, que les résultats même du premier mélange sont encore douteux.

SECTION II.

DE L'HYBRIDITÉ EUGÉNÉSIQUE DANS L'HUMANITÉ.

Si l'opinion que je souhaite combattre n'était pas soutenue par les auteurs de Si, il serait peut-être superflu de démontrer qu'il existe dans l'espèce humaine *des hybrides eugénésiques* . La plupart des lecteurs de ces pages doivent se réconcilier avec cette qualification, car assurément les hommes de race pure sont très rares dans le pays qu'ils habitent. Rien n'est en fait plus clair que de nombreuses nations modernes, à commencer par les Français, ont été formées par le mélange de deux ou plusieurs races. Mon excellent professeur, Gerdy, [16 ans], a consacré un long chapitre dans sa Physiologie à ce sujet, et est arrivé, après de longues recherches, à la conclusion que toutes, ou presque toutes, les races actuelles ont été croisées plus d'une fois, et que les types primitifs de l'humanité, altérés et modifiés par tant de croisements, ne sont plus représentés sur la terre. Il y a ici beaucoup d'exagération : car il y a des races qui, par une situation géographique particulière et par les préjugés de caste ou de religion, sont restées dans un état de pureté ; et d'autre part, comme le remarque le député Bérard [17], il ne suffit pas, pour la production d'une race métisse, que deux groupes de races différentes s'allient et fusionnent. Si dans l'un ou l'autre groupe il existe une trop grande inégalité numérique, les métis reprennent, au bout de quelques générations, presque tous les traits de la race la plus nombreuse, et se fondent en elle. C'est pour cette raison que, malgré de nombreux croisements, de nombreuses races ont conservé tous leurs caractères de la plus haute antiquité. J'ai déjà eu l'occasion de remarquer que les *Fellahs* de l'Egypte actuelle ressemblent exactement aux figures représentées à l'époque pharaonique. [Aucun] pays, cependant, n'a été aussi fréquemment conquis que l'Egypte, qui, depuis Cambyse jusqu'à Méhémet-Ali, depuis plus de vingt-trois siècles, a été gouvernée et opprimée par des peuples de races étrangères, Perses, Grecs, Romains, Arabes, Turcs, et les Mamelouks. Les colonies macédoniennes, fondées par Alexandre et ses successeurs, perdirent bientôt leur caractère ethnologique. L'Italie du [Sud] n'a pas conservé l'empreinte de la race normande. Il serait vain de chercher en Asie Mineure les descendants des Gaulois aux cheveux blonds, [20] qui s'étaient autrefois établis en Galatie ; et bien que les Wisigoths aient possédé l'Espagne pendant plus de deux siècles et n'en aient jamais été expulsés, et que l'on puisse sans exagération évaluer le nombre des conquérants à plusieurs centaines de milliers, et que leur sang, mitigé par un mélange, coule encore aujourd'hui dans Dans les veines d'un immense nombre d'Espagnols, ces derniers n'ont conservé aucune trace de leur origine germanique.

Mais lorsque le mélange des races s'effectue dans des proportions à peu près égales, ou s'il est le résultat, non d'une invasion unique, mais d'une immigration constante et abondante, le cas est tout autre, et la fusion des éléments ethnologiques donne naissance à un mélange de races. population hybride, dans laquelle le nombre des individus de race pure diminue constamment, de sorte qu'au bout de quelques siècles les représentants des deux types primitifs deviennent des exceptions. Dans un long Mémoire « De l'Ethnologie de la France », que j'ai lu dernièrement devant la Société d'Anthropologie de Paris, j'ai montré à quel point le métissage peut modifier la physionomie d'un peuple. Examiner d'abord les documents historiques dont nous disposons, l'origine des populations de nos départements, et apprécier autant que possible la proportion des éléments que nous trouvons en combinaison ; déterminant aussi pour chaque région les souches principales et accessoires, j'ai pu retrouver dans la nation française actuelle, au milieu des innombrables variations de stature, de teint, de cheveux, d'yeux, de formes céphaliques, etc., qui peuvent on s'attend partout à des races mixtes ; J'ai pu déceler, je le répète, les caractères de ces différentes races, et reconnaître l'empreinte plus ou moins marquée et dominante des Celtes, des Kimris, des Romains et des Germains. J'ai même pu, sur les statistiques de recrutement, donner à mes enquêtes, quant à la stature, une précision rigoureuse. Je ne peux ici entrer dans aucun détail : je suis obligé de renvoyer le lecteur au Mémoire publié par la Société Anthropologique. En fait, c'est simplement parce que des hommes éminents ont douté depuis quelques années de l'existence d'une hybridité eugénésique dans l'humanité, qu'il est devenu nécessaire de démontrer une proposition si évidente, que la population de la France, sur au moins les dix-neuf vingtièmes de notre territoire, présente à des degrés inégaux des caractères métis.

Ce seul exemple pourrait suffire ; mais je ne doute pas qu'en examinant de la même manière l'origine historique et la condition réelle des peuples de l'Italie du Nord, de l'Allemagne du Sud, de la Grande-Bretagne - sans parler des États-Unis, où la fusion du sang est probablement inexplicable - il On pourrait démontrer avec une égale certitude que ces différentes races ont donné naissance, par leur mélange, à des modifications ethnologiques encore reconnaissables. Dans tous ces pays, l'instabilité des caractères anthropologiques contraste avec la fixité qui est la marque des races pures ; et l'on pourrait dire, sans crainte de se tromper, que la plus grande partie de l'Europe occidentale est habitée par des races mixtes.

D'ailleurs, les auteurs qui ont nié l'existence des races mixtes n'ont pas nié qu'il existe en Europe et ailleurs de nombreuses populations vives, formées par le mélange de deux ou plusieurs races distinctes. Ils affirmaient simplement que les races bâtardes, quelle que soit leur origine, étaient nécessairement inférieures en termes de fécondité aux individus de sang pur, et que leurs descendants directs disparaîtraient au bout de quelques générations, à moins qu'ils ne contractent de nouvelles alliances avec les races mères, ou du moins. avec l'un d'eux. Si l'on objecte que les populations mixtes possèdent partout, comme celles de France et de Grande-Bretagne, une vitalité et une fécondité qui ne laissent rien à désirer, on répond que cela ne prouve rien ; que les races croisées sont prolifiques en lignée collatérale, comme on l'observe dans les cas d'hybridité paragénésique, et ils ajoutent que deux cas peuvent se présenter :

1. Si parmi les deux races primitives celles-ci obtiennent une très grande inégalité numérique, la race prédominante absorbe bientôt l'autre. Après deux ou trois générations, la race la moins nombreuse ne compte plus qu'un seul représentant, et les croisements se confondent dans la race la plus nombreuse. Ce dernier retrouve ainsi un état de pureté originelle. La métisse n'a qu'une durée transitoire et ne laisse aucune trace de son existence.

2. Si, au contraire, les deux races, quoique numériquement inégales, sont en proportion suffisante pour qu'aucune ne puisse absorber l'autre, toutes deux subsistent indéfiniment l'une à côté de l'autre sur le même sol. La race hybride qu'ils engendrent semble aussi persister indéfiniment ; mais seulement en apparence, car ils se marient constamment avec les races pures, tandis que celles-ci se marient entre elles. Le métis gagne ainsi, à chaque génération, un contingent égal à ce qu'il perd, ceux qui le représentent actuellement ne sont pas les descendants de ceux qui représentaient le métis il y a cinq ou six générations. Il ne se maintient pas par lui-même : n'existant qu'à la condition d'être soutenu par les races dont il est issu, et s'il arrivait un moment où il serait complètement isolé de ces deux races, et réduit à ses propres forces, il serait nécessairement disparaître après quelques générations.

Je pourrais faire quelques objections contre le premier point, car il ne me semble pas démontré que, dans un mélange de proportions très inégales, la race la moins nombreuse n'exerce aucune *influence* sur l'autre race. Je reconnais cependant que cette influence, si elle existe, est suffisamment légère pour être écartée.

Le deuxième point est bien plus grave, car s'il est accepté sans restriction, il faut admettre que l'hybridité eugénésique n'existe pas dans l'humanité, et que tous les croisements, quelle que soit leur origine, qu'ils soient issus de races proches ou lointaines, ne sont pas simplement les descendants des Blancs et des Nègres, mais aussi des Celtes et des Kimris, sont incapables d'engendrer une postérité durable. Pour ma part, je crois que tel est effectivement le cas de certaines races de métis ; Je crois que dans le genre *Homo*, il y a des degrés d'hybridité eugénésique très inégaux ; mais après avoir reconnu que l'hybridité eugénésique existe entre chien et loup, lièvre et lapin, chèvre et mouton, chameau et dromadaire, il m'est permis de dire qu'elle existe aussi entre certaines races d'hommes.

Parmi les faits cités pour prouver la stérilité des croisements humains, quelques-uns sont d'une grande valeur : et nous les examinerons dans la suite ; d'autres ont été mal interprétées, tandis que d'autres sont loin d'être exactes. J'ai déjà signalé une cause d'erreur dont on n'a pas tenu compte et qui se produit fréquemment : c'est le changement de climat qui seul est capable de stériliser une race transplantée au milieu d'une autre race. Avant d'attribuer un défaut de fécondité aux descendants métis d'une race immigrée, il faut voir si dans un même pays les individus de cette race sont plus prolifiques dans leurs alliances directes. On sait par exemple que les Mamelouks, originaires de la région du Caucase, n'ont jamais pris racine en Egypte, où pourtant, de 1250, époque de leur avènement, jusqu'en 1811, période de leur extermination, leur caste a toujours constitué une partie notable de la population. Ils ne pouvaient se maintenir que grâce aux renforts qu'ils recevaient chaque année du pays natal, et bien qu'il ne se soit pas écoulé un demi-siècle depuis le grand massacre du Caire, il n'en reste aucune trace sur les bords du Nil. Ceci étant, on en concluait que les descendants des Mamelouks et des Egyptiens étaient des hybrides peu ou pas féconds. Gliddon l'a ainsi interprété, et Pouchet a accepté cette interprétation. [21] Ce n'est cependant pas là la véritable cause de la stérilité des Mamelouks en Egypte, et Volney, qui, vers la fin du siècle dernier, a soigneusement observé et étudié cette race, fait à leur sujet les remarques suivantes : « Voyant que ils existent en Egypte depuis des siècles, on serait porté à croire qu'ils se sont reproduits par le procédé ordinaire de reproduction ; mais si leur premier établissement est un fait curieux, leur perpétuation ne l'est pas moins. Depuis cinq siècles, il y a des Mamelouks en Egypte, et pourtant aucun d'eux n'a laissé de lignée subsistante : il n'existe pas une seule famille de seconde génération, tous leurs enfants périssent à la première ou à la seconde génération. *Les Ottomans sont à peu près dans la même condition* , et on observe qu'ils ne se préservent du même sort qu'en épousant des femmes indigènes, ce que les *Mamelouks ont toujours dédaigné* . (Les épouses des Mamelouks étaient, comme leurs esclaves, importées de Géorgie, de Mongrélie, etc.) Expliquons maintenant pourquoi des hommes bien formés, mariés à des femmes saines, ne peuvent naturaliser sur les bords du Nil un sang formé au pied du Caucase ! On nous rappelle en même temps que les plantes européennes refusent également de perpétuer leur espèce dans cette localité.» [22] Malgré la précision de ce passage, de nombreux Mamelouks prirent sans doute des femmes et de nombreuses concubines parmi la population indigène. Il est difficile de croire qu'il aurait pu en être autrement, et Gliddon avait le droit de dire que si la descendance des deux races avait été prolifique, il se serait inévitablement produit en Egypte une race mixte. Mais le fait révélé par Volney, qui est parfaitement authentique, garde encore sa force, à savoir, que les Mamelouks, par le simple fait de changer de pays, avaient perdu le pouvoir d'engendrer *avec les femmes de leur propre race* , une postérité féconde ; rien ne prouve donc que la stérilité de leur progéniture dépendait de l'influence de l'hybridité, mais plutôt de l'influence du climat.

Il n'est pas notre propos de passer en revue successivement tous les mélanges particuliers produits dans les races humaines, ni de déterminer le degré de fécondité des hybrides qui en résultent.

Pour démontrer que l'hybridité eugénésique existe réellement, un seul exemple suffit, à condition qu'il soit concluant ; et pour trouver cet exemple, nous n'avons pas besoin de voyager hors de notre pays. La population de la France, comme nous l'avons amplement constaté ailleurs, descend de plusieurs races très distinctes, et présente partout le caractère de races métisses. Les purs représentants des races primitives forment une très petite minorité ; néanmoins, cette nation hybride, loin de dépérir, conformément à la théorie de M. Gobineau ; loin de présenter une fécondité décroissante, selon quelques autres auteurs, elle croît chaque jour en intelligence, en prospérité et en nombre. Depuis que la révolution a brisé le dernier obstacle qui s'opposait au mélange des races, et malgré les guerres gigantesques qui pendant vingt-cinq ans ont fauché l' *élite* de sa population masculine, la France a vu le nombre de ses habitants augmenter de plus en plus. plus d'un tiers ; ce n'est pas un symptôme de décadence. Le Dr Knox, dans son curieux essai sur les Races des Hommes (Londres, 1850), a cru devoir énoncer, à l'égard des Français, quelques dures vérités : et aussi quelques calomnies, que nous mettrons au compte de son patriotisme. . M. Knox a accordé à la nation française une prospérité physique croissante, et comme ce côté de la question est le seul qui nous occupe ici, nous pourrions nous passer de tout autre témoignage. Ce savant auteur pensait que ce qu'il disait des Français s'appliquait exclusivement à la race celtique ; il supposait que sur notre sol il n'y avait que de purs Celtes, et que les autres éléments ethnologiques n'avaient en rien modifié le caractère de la vieille race gauloise. J'ai assez longuement réfuté cette affirmation dans mon *Mémoire sur l'Ethnologie de la France* , et le Dr Knox, en faisant l' éloge à sa manière de la race celtique, ne s'est pas aperçu qu'inconsciemment et contrairement à son propre système, il écrivait l'apologie d'une race fortement métissée. Mais les partisans de ce système diront sans doute que, dans l'ensemble, la race mixte kimro-celtique, qui habite aujourd'hui la France, ne subsiste pas par elle-même ; que les deux races parentales, les Celtes et les Kimris, dont l'une prédomine au nord-est, l'autre au nord-ouest, au sud et au centre, persistent, presque pures, dans leurs régions respectives, et que le mélange la race ne se maintient qu'en se recrutant sans cesse dans ces *foyers vivaces* . A cela, je réponds que les individus représentant parfaitement le type celtique ou kimri sont infiniment plus rares que les autres, même dans les départements où l'histoire ou l'observation démontrent que l'influence de l'une de ces races est tout à fait prépondérante. Ils sont particulièrement rares dans les districts de la zone intermédiaire, que j'ai appelée Kimro-Celtique, et où les deux races principales se sont originellement mélangées dans des proportions à peu près égales. Enfin, dans ces derniers départements, où le métissage a été le plus fort, la population n'est ni moins belle, ni moins robuste ou prolifique que dans les autres. Quant à la vigueur de la constitution, j'ai consulté dans les registres de recrutement la liste spéciale des exemptions pour cause d'infirmités, c'est-à-dire pour d'autres causes physiques que la stature. J'ai constaté que, toutes circonstances égales d'ailleurs, il y a autant d'infirmes sur 1,000 conscrits dans les départements les plus purs que dans les districts mixtes. Je ne peux ici m'attarder plus longtemps sur cette proposition, dont j'ai donné une démonstration rigoureuse dans mon *Mémoire sur l'Ethnologie de la France* .

Reste désormais la question de la fécondité. Les causes qui déterminent l'accroissement ou le déclin d'une population sont si multiples, et pour la plupart si étrangères aux influences ethnologiques, qu'on ne peut, sans commettre de graves erreurs, estimer le degré de fécondité des différentes races, en comparant pour chacune d'elles , le nombre de naissances et de décès. Il paraît néanmoins très probable que toutes les races ne sont pas également prolifiques, et l'esprit s'aperçoit facilement qu'il doit y avoir entre elles des différences notables. Il n'est donc pas nécessaire que, pour qu'un mélange soit eugénésique, la fécondité des croisements soit *absolument égale* à celle des individus de sang pur. S'il avait été démontré par des nombres stricts qu'une race mixte, par le simple fait de mélanges, se reproduit moins rapidement que les deux races parentales, et s'il était démontré qu'elle présente un plus grand nombre de cas de stérilité sporadique, il n'en résulterait en aucun cas il en résulte que ce métis est incapable de se maintenir et de croître par lui-même. Le mélange cesserait d'être eugénésique si le fait de la stérilité devenait suffisamment général pour que les naissances diminuent à chaque nouvelle génération, de sorte qu'à la longue les vides causés par la mort ne pourraient plus être comblés et que la race se révélerait inévitablement destinée, tôt ou tard. , s'éteindre. Ainsi, même s'il était démontré que les descendants d'un mélange entre Celtes et Kimris sont un peu moins prolifiques que les ancêtres des races pures, et que les populations mixtes croissent moins rapidement que les autres ; l'hybridité kimro-celtique ne cesserait pas pour autant d'être eugénésique, pourvu que la stérilité *relative* ne descende pas au-dessous du degré où la stérilité devient *absolue* , c'est-à-dire lorsque la fécondité devient insuffisante. Mais dans les départements où l'histoire et l'ethnologie prouvent que le métissage a été poussé à l'extrême, la population, loin d'avoir diminué, a augmenté depuis la révolution, c'est-à-dire depuis l'établissement de nouvelles divisions territoriales, aussi rapidement que dans le reste du pays. La France, et il me paraît certain que le mélange des Kimris et des Celtes soit entre eux, soit avec les Romains et les Germains, constituent des exemples d'hybridité eugénésique.

Il faut cependant se garder d'imiter le raisonnement paradoxal de nos adversaires, et parce que certains croisements de *certaines* races sont eugénésiques, conclure, *a priori* , que *tous* les autres mélanges le sont également. L'étude de l'hybridité chez les oiseaux et les quadrupèdes nous a appris qu'on ne peut jamais savoir avec certitude, avant d'en faire l'expérience, quel sera le résultat du croisement. Il ne faut pas non plus oublier que les faits ethnologiques qui nous ont servi d'exemples s'appliquent au mélange de races distinctes sans doute, mais voisines à bien des égards. Le mélange de races plus éloignées les unes des autres est-il également prolifique, et la descendance est-elle eugénésique ? C'est la question que nous entendons maintenant examiner.

SECTION III.

EXEMPLES TENDANT À PROUVER QUE LE MÉLANGE DE CERTAINES RACES D'HOMMES NE SONT PAS EUGÉNÉSIQUES.

DANS la première partie de cet essai, nous avons tenté d'établir que certains croisements humains possèdent une fécondité illimitée, tant dans leurs alliances directes qu'avec l'une ou l'autre des races parentales, d'où nous avons déduit que l'hybridité eugénésique existe réellement dans l'humanité.

Nous entendons maintenant étudier les résultats de certains mélanges plus disparates, et passer en revue un certain nombre de faits tendant à conclure que tous les croisements humains ne sont pas eugénésiques.

Observons d'abord dans quelle mesure les phénomènes d'hybridité eugénésique ou non eugénésique peuvent affecter la solution de la grande question en suspens entre les monogénistes et les polygénistes.

Ce qui caractérise chez les animaux en général l'hybridité eugénésique, c'est la fécondité illimitée des métis du premier degré entre eux. Il n'est nullement nécessaire que les espèces parentales soient aussi prolifiques dans leurs croisements que dans leurs unions directes, ni que les métis soient aussi productifs que leurs parents, aussi grands, aussi forts et aussi longévifs, etc. , par exemple, que la louve conçoit plus difficilement avec le dogue qu'avec son propre compagnon ; en supposant même que ce croisement ne soit efficace qu'à titre exceptionnel ; qu'il ne réussit qu'une fois sur dix, au lieu de réussir constamment comme il arrive chez les animaux de la même espèce ; il suffirait, si dans ce dixième cas les métis sont très prolifiques, de prononcer le croisement eugénésique. En supposant aussi que les chiennes-loups hybrides du premier degré ne produisaient que des portées d'environ deux ou trois, c'est-à-dire seulement la moitié du nombre habituellement produit par les louves et les chiennes, il en résulterait que cette race intermédiaire engendrerait des portées de deux ou trois portées. moins rapidement de moitié que l'espèce pure ; mais, pourvu que la productivité des métis ne descende pas au-dessous du degré nécessaire à la conservation de l'espèce, et pourvu qu'elle puisse réparer la perte à chaque génération, le croisement serait encore eugénésique, et il ne cesserait pas de l'être, même si le La race n'était que deux fois moins forte que ses parents et ne vivait que deux fois moins longtemps.

Remarques sur l'interprétation de l'hybridité humaine

Ainsi, lorsqu'un physiologiste veut démontrer l'existence de ce degré d'hybridité que nous avons appelé eugénésique, il sélectionne deux espèces d'animaux distinctes parfaitement reconnues, les croise, étudie leurs races, et s'il trouve qu'elles sont indéfiniment prolifiques, il Il lui suffit d'affirmer l'existence de l'hybridité eugénésique, c'est-à-dire que la définition physiologique de l' *espèce* est inacceptable. Mais lorsqu'un zoologiste, en étudiant deux races d'animaux dont la détermination spécifique est encore contestée, s'efforce d'établir que ces deux races ne sont que des variétés de la même espèce, et que, pour affaiblir les caractères anatomiques différentiels signalés par son adversaires, il invoque l'analogie physiologique que présente le mélange, on est en droit d'attendre plus qu'une démonstration partielle. Il faut d'abord prouver que le mélange des deux races constitue un cas d'hybridité eugénésique ; car si les croisements ne sont pas entre eux indéfiniment prolifiques, il est certain que les deux races ne sont pas de la même espèce. Ce premier point étant établi, ne permettrait encore de conclure, puisque des animaux d'espèces différentes peuvent engendrer des races eugénésiques. Il lui faut donc analyser complètement tous les phénomènes de reproduction et prouver qu'ils sont exactement les mêmes dans les races parentales et dans la race hybride. Ce n'est pas seulement l'analogie sexuelle mais l'identité sexuelle qui doit être mise en évidence ; car, à son point de vue, il ne suffit pas que les deux races en question soient dans une certaine mesure homogènes, il faut qu'elles soient entièrement homogènes, et la moindre différence génitale devient un argument contre la proposition qu'il soutient. Si les croisements, quoique très prolifiques, le sont moins que leurs parents, ou moins productifs dans leurs croisements que dans leurs alliances directes ; ou enfin, si l'étude de ces croisements révèle quelque inégalité fonctionnelle, il pourrait devenir très probable que les deux races n'appartiennent pas à la même espèce. Il en serait encore ainsi si les croisements étaient moins forts et moins vivaces que les individus de race pure, ou si l'un des croisements était plus productif que le croisement inverse, comme on l'observe dans certains cas d'hybridité, qui se rapprochent davantage du croisement inverse. ou moins d' *hybridité unilatérale* . L'existence de l'un de ces phénomènes pourrait prouver que les deux races ne sont pas homogènes et laisser penser qu'elles ne sont pas de la même espèce.

Les monogénistes, qui ont fondé la démonstration de l'unité de l'espèce humaine sur le caractère physiologique de la prolificité des croisements, n'ont pas tenu compte de ces éléments. Ils se sont limités à affirmer que toutes les races humaines peuvent produire des croisements et que toutes ces races sont prolifiques. Or, en admettant un instant que ces assertions soient exactes, la conclusion qu'ils en ont tirée est encore contestable, jusqu'à ce qu'ils puissent démontrer que l'étude de ces croisements ne révèle aucune inégalité génitale entre les races parentales.

Mais que devient leur argumentation, s'il est prouvé que tous les mélanges ne sont pas eugénistes, c'est-à-dire que certains métis ne sont pas entre eux indéfiniment prolifiques ; que les autres croisements deviennent stériles dès la première génération ; et enfin que certaines races sont si peu homogènes, que la naissance de croisements du premier degré est plus ou moins exceptionnelle ? Si l'une de ces propositions pouvait être effectivement établie, les monogénistes n'auraient guère lieu de se féliciter d'avoir fait appel à la physiologie. Ils auraient au contraire fourni à leurs adversaires des armes meurtrières, et leur doctrine serait démolie sur le champ de bataille qu'ils auraient eux-mêmes choisi.

Les faits que j'ai l'intention d'exposer tendent à prouver que c'était une grave erreur de considérer comme eugénésiques tous les mélanges d'hommes. Si obligé que je sois de me référer à des témoignages qui, peut-être, ne présentent pas toujours une précision souhaitable, quelques doutes peuvent planer sur ma conclusion ; Il résultera cependant de cette esquisse que l'examen des lois de l'hybridité est loin d'être favorable à la doctrine des monogénistes.

Nous étudierons les croisements tant par rapport à leur fécondité que par leur validité physique et morale ; car, à notre point de vue, il suffit de prouver que certains croisements sont inférieurs aux races parentales, sous le rapport de la longévité, de la vigueur, de la santé et de l'intelligence, pour rendre très probable que les deux races ne sont pas de même nature. espèces.

Infécondité relative des croisements entre Blancs et Nègres

Lorsqu'un monogéniste est appelé à démontrer que tous les mélanges humains sont eugénésiques, le premier exemple qu'il cite habituellement est celui des mulâtres d'Amérique, enjeu de l'union des colons européens et des négresses africaines. Cet exemple, longtemps considéré comme décisif, ne restera peut-être pas sans réponse ; car il existe des races bien plus différentes de nous que les races de la côte occidentale de l'Afrique ; mais la question ici est de savoir s'il est tout à fait vrai que tous les mulâtres américains sont eugénésiques.

Nous rencontrons d'abord ce fait, à savoir que l'union du nègre avec une femme blanche est souvent stérile, tandis que celle d'un homme blanc avec une négresse est parfaitement féconde. Ceci pourrait tendre à établir entre ces deux races une espèce d'hybridité analogue à celle existant entre les chèvres et les moutons, que nous avons appelée *hybridité unilatérale* . Le professeur Serres, pleinement conscient de la gravité de ce fait, a donné l'explication suivante : « L'un des caractères de la race éthiopienne [24] consiste dans la longueur du pénis comparée à celle de la race caucasienne. Cette dimension coïncide avec la longueur du canal utérin chez la femme éthiopienne, et toutes deux ont leur cause dans la forme du bassin chez la race noire. Il résulte de cette disposition physique, que l'union de l'homme caucasien avec une femme éthiopienne est facile et sans aucun inconvénient pour cette dernière. Le cas est différent dans l'union de l'Éthiopien avec une femme de race blanche, qui souffre dans l'acte, le col de l'utérus est pressé contre le sacrum, de sorte que l'acte de reproduction est non seulement douloureux, mais souvent non *productif*.

Cette explication, quoique fondée sur un caractère anatomique parfaitement correct, est encore loin d'être satisfaisante ; mais nous l'avons cité ici pour montrer que l'un des deux monogénistes les plus éminents de notre époque a admis, comme un fait parfaitement authentique, que l'union des femmes caucasiennes avec des Nègres est très souvent improductive.

M. Theodore Waitz, auteur d'un traité scientifique d'anthropologie (le premier volume est entièrement consacré à l'étude des doctrines générales), a examiné avec soin la question du mélange des races, et s'est efforcé de concilier les résultats de ces croisements avec le système des monogénistes. Il fut néanmoins obligé d'admettre, d'après les nombreux documents recueillis, que dans bien des cas les métis sont faiblement constitués. Ainsi, au Sénégal, les descendants des Foulahs et des Nègres sont beaux et plus intelligents que ces derniers, mais là Il y a parmi eux beaucoup de bègues, d'aveugles, de bossus et d'idiots. Les enfants des Arabes et des femmes du Darfour sont débiles et peu vifs, et l'auteur ajoute *que les enfants d'une Européenne et d'un Nègre sont rarement vigoureux* . [25]

Il semble ainsi résulter de ces diverses investigations que l'union entre le nègre et une femme blanche est peu productive, et que leur progéniture n'est ni vigoureuse ni vivace. Néanmoins, nous admettons cette conclusion avec quelque réserve, parce que les unions avouées de Noirs avec des femmes blanches sont relativement rares, et par conséquent les auteurs qui en ont parlé n'ont pu tirer leurs conclusions que de quelques faits. Le mélange inverse entre l'homme blanc et la négresse est au contraire très fréquent et aussi fécond dans la première génération que dans les alliances directes entre individus d'une même race.

Il est également connu que les mulâtres et les mulâtresses sont très prolifiques dans leurs recroisements avec les races parentales. Le grand nombre d'individus de toutes nuances, désignés sous le nom de Quadroon, Quinterons, Tercerons, Griffes, Marabouts, Cabres, etc., et sous le nom collectif de *sang mêlé* , le prouve. L'hybridité des Blancs et des Nègres est donc au moins égale à ce que nous avons décrit chez les animaux sous le nom d' *hybridité paragénésique* . La question se pose maintenant de savoir si elle est eugénésique, c'est-à-dire si Mulâtres et Mulâtres du premier degré sont indéfiniment prolifiques entre elles.

Stérilité relative de certains mulâtres de première génération

Il serait imprudent de s'en tenir à des observations superficielles, bien que les observations positives soient difficilement recueillies. Les mulâtres du premier degré ne constituent pas une caste bien définie et circonscrite, comme les blancs et les nègres de sang pur. Les mulâtresses préfèrent s'unir aux blancs ou aux métis plus blancs qu'elles. Les mulâtres sont ainsi fréquemment obligés de se mêler soit à de pures négresses, soit à des mulâtresses issues d'un recroisement avec la race noire. Il existe néanmoins un bon nombre d'unions entre les métis du premier degré ; mais les individus issus de ces unions n'ont plus les mêmes chances de se marier que ceux de la première génération. Le nombre des individus du premier degré doit donc diminuer rapidement de génération en génération, et il en résulte que, même si ces croisements étaient indéfiniment prolifiques entre eux, on ne pourrait trouver, par exception, que des mulâtres issus de une ligne directe vers la troisième ou quatrième génération, issue de l'union directe et exclusive des métis du premier degré.

Infériorité morale ou physique de certains mulâtres

Pour donner à la question en cause une solution rigoureuse, il faut étudier pendant plusieurs générations une population exclusivement composée de mulâtres du *premier degré*. Cette expérience ne pourra jamais être obtenue. On trouve en effet à Haïti une population presque composée d'individus de couleur. Mais ces hommes de couleur sont des métis de toutes nuances, et si cette nation hybride subsistait dans une parfaite prospérité pendant plusieurs générations, la prolificité illimitée des métis du premier degré entre eux ne serait pas pour autant démontrée.

Nous manquons donc d'une expérimentation physiologique analogue à celle qu'exigent les monogénistes, pour tenter de prouver que le croisement de deux espèces d'animaux est ou n'est pas eugénésique, réduit aux impressions, ou plutôt à l'appréciation des observateurs. La plupart de ces appréciations ne peuvent être qu'approximatives voulant une base fixe. On ignore absolument quelle est la proportion relative des mulâtres du premier degré qui se marient entre eux, et de ceux qui se mélangent avec d'autres métis, ou avec des individus de race pure ; on ne sait pas non plus quelle serait, dans une population donnée, la proportion normale de ces mulâtres s'ils étaient parfaitement prolifiques *entre eux*. Il devient alors très difficile de dire si le nombre des mulâtres issus en ligne directe des métis du premier degré est égal à la proportion normale, ou inférieur à celle-ci ; de sorte que, s'ils sont peu inférieurs à leurs parents en matière de fécondité, le fait pourrait passer inaperçu. La relative stérilité de ces races ne deviendra évidente que lorsqu'elle s'approchera de la stérilité absolue. Entre ce degré de fécondité et cette parfaite fécondité, il existe de nombreux degrés intermédiaires, difficiles à reconnaître, et plus difficiles encore à prouver.

Le premier observateur français qui a nié la prolificité des mulâtres est M. Jacquinot, auteur de la partie zoologique du *Voyage au pôle Sud et en Océanie*. Nous reproduisons ici quelques passages de cet ouvrage. Après avoir parlé

des croisements d'animaux, M. Jacquinot continue dans les termes suivants :
26

« Il en est de même dans le genre humain. Là, les espèces sont très rapprochées, et, selon les principes qui viennent d'être posés, « que plus les espèces se rapprochent, plus grandes sont les chances de fécondité », les métis issus du mélange jouissent d'un certain degré de prolificité qui, cependant, comme dans animaux, n'est pas absolu. Comme ces derniers, ils reviennent à l'espèce maternelle en s'alliant à elle ; et, indépendamment de leur fécondité relative, de nouveaux individus sont constamment produits par l'union des races parentales.

« En observant dans nos colonies qu'une population de mulâtres se produit et se renouvelle constamment, leur fécondité n'a pas été mise en doute ; mais c'est très limité. D'une part les mulâtres disparaissent à chaque instant dans l'une ou l'autre des races parentales, et si leurs unions étaient constamment entre elles, ils ne tarderaient pas à s'éteindre.

« Dans une colonie, c'est-à-dire dans une île ou une partie d'un continent d'étendue limitée peuplée de nègres et d'hommes blancs depuis quelques siècles, la plus grande partie de la population doit être composée de mulâtres.

« Mais il n'en est pas ainsi, et quel que soit le nombre des mulâtres dans les colonies, la prédominance des espèces nègres et caucasiennes n'est pas moins certaine… Il y a d'ailleurs un fait connu des habitants des colonies, c'est que les femmes blanches et les négresses sont très prolifiques, ce qui n'est pas le cas des mulâtresses.

« Nous pensons être les premiers à avoir souligné la stérilité des croisements humains. Nous n'avons pas pu recueillir des observations précises et positives basées sur des chiffres ; mais nous pensons que les chiffres seront bientôt disponibles maintenant que l'attention des observateurs est attirée sur le sujet.

L'aveu qui termine ce passage en diminue beaucoup l'importance. M. Jacquinot, n'ayant pas séjourné longtemps dans les divers pays qu'il a visités, n'a pu recueillir que des observations superficielles sur une question qui exige des recherches longues et minutieuses. Mais M. Nott, l'un des anthropologues les plus éminents d'Amérique, était en meilleure condition pour étudier ce sujet.

Vivant dans un pays où les races caucasiennes et éthiopiennes sont très mêlées, et pouvant, par sa profession de médecin, faire ses observations sur un grand nombre d'individus, il arriva à des conclusions semblables à celles de M. Jacquinot. Son premier essai sur l'hybridité parut en 1842. Ce n'était qu'un court article, peu remarqué, et que nous n'avons pas pu consulter, aucun exemplaire n'en étant conservé à la bibliothèque de Paris. M. Jacquinot, dont l'ouvrage parut en 1846, n'avait certainement pas connaissance de cet essai, ses observations ayant été faites en 1836-40, avant que M. Nott n'eût publié les siennes. Il ne s'agit cependant pas ici de discuter la question de priorité, nous constatons simplement le fait que deux observateurs distingués étudiant le même sujet, sans se connaître, sont arrivés aux mêmes conclusions relatives à la stérilité des Mulâtres.

Dans son essai de 1812, le Dr Nott soutenait les propositions suivantes, que nous extrayons d'une publication ultérieure. [27]

1. Que *les mulâtres* sont les plus éphémères de toutes les classes de la race humaine.

2. Que *les mulâtres* sont intermédiaires en intelligence entre les noirs et les blancs.

3. Qu'ils sont moins capables de supporter la fatigue et les épreuves que les noirs ou les blancs.

4. Que les *femmes mulâtres* sont particulièrement délicates et sujettes à diverses maladies chroniques. Qu'elles sont de mauvaises reproductrices, de mauvaises nourrices, susceptibles d'avorter, et que leurs enfants meurent généralement jeunes.

5. Que lorsque *les mulâtres* se marient entre eux, ils sont moins prolifiques que lorsqu'ils sont croisés avec la souche parentale.

6. Que lorsqu'un homme *noir* épousait une femme blanche, la progéniture participait plus largement au type noir que lorsque la connexion inverse produisait son effet.

7. Que les mulâtres, comme les Noirs, bien que non acclimatés, bénéficient d'une exemption extraordinaire de la fièvre jaune lorsqu'ils sont amenés à Charleston, Savannah, Mobile ou la Nouvelle-Orléans.

Les propositions 1, 3, 4 et 5 sont les seules liées à notre sujet. Elles confirment et même renforcent, à certains égards, les affirmations de M. Jacquinot, mais elles sont contestées, et le Dr Nott lui-même a jugé nécessaire d'en restreindre l'application. Il avait fait ses observations en Caroline du Sud où il trouvait les Mulâtres peu prolifiques et éphémères. Ayant changé de résidence, il obtint des résultats différents. A Mobile, à la Nouvelle-Orléans, à Pensacola, villes du golfe du Mexique, il trouva parmi les mulâtres de nombreux exemples de longévité et de prolificité manifestes, non seulement dans leurs alliances croisées mais dans leurs alliances directes. Quelle était la cause de cette différence ? Le Dr Nott demande si la différence dans les résultats ne pourrait pas dépendre de la différence dans les éléments ethnologiques du croisement. Tous les Européens qui ont colonisé l'Amérique n'appartenaient pas à la même race. Les Caucasiens, comme on le sait, se divisent naturellement en deux groupes : la race aux cheveux clairs, aux yeux gris ou bleus, à la peau blanche ; et les races brunes, au teint plus foncé et aux cheveux bruns ou noirs. Les premiers occupent l'Europe du Nord ; la seconde, l'Europe du Sud. Il y a ainsi un peu moins de disparité, et un peu plus d'affinité entre les Européens du Sud et les Nègres, qu'entre ces derniers et les Européens du Nord, de sorte que quand on entend que le mélange réussit mieux dans le premier que dans le second cas, cela ne devrait pas nous surprendre. Mais la Caroline du Sud, où les Mulâtres s'entendent si mal, a été colonisée par les Anglo-Saxons ; tandis que les rivages du golfe du Mexique, où les mulâtres sont plus prospères, ont été colonisés par les Français (Louisiane) et par les Espagnols (Floride). Telle est l'explication proposée par le Dr Nott. Toujours en maintenant ses conclusions sur la question des femmes noires et des hommes de race germanique, il pense qu'elles ne sont pas applicables aux mulâtres dont les parents appartiennent à une race caucasienne de teint plus ou moins foncé. Des différences analogues sont souvent observées chez les animaux de tels croisements lorsqu'ils sont mis en relation avec des espèces plus ou moins approximatives. Toutefois, avant d'accepter l'explication du Dr Nott, il serait peut-être aussi bon d'examiner si le fait ne peut pas être expliqué différemment.

La Caroline du Sud, comprise entre 32° et 35° de latitude Nord, est située au-delà de la zone où vivent les Noirs africains : la Nouvelle-Orléans, Mobile et Pensacola sont situées plus près des tropiques, entre les 30° et 31°, et l'on y trouve en Afrique, au Sahara septentrional, au sud d'Alger, des tribus de nègres qui vivent sous cette latitude depuis des temps immémoriaux. Bien que le climat ne dépende pas entièrement de la latitude, on peut facilement croire que les Nègres s'acclimatent plus tôt sur les rives du golfe du Mexique que dans les régions plus septentrionales. Mais on sait que les hommes transplantés dans des climats très différents de celui où prospère leur race peuvent, par ce simple fait, perdre grandement leur fécondité. Il n'en est pas toujours ainsi, mais étant donné que cela arrive, on est en droit de se demander si la différence signalée par le Dr Nott entre les mulâtres de la Caroline du Sud et ceux de la région du Golfe ne serait pas due à cette cause.

.

Cette interprétation s'oppose cependant à deux ordres de faits. D'un côté, les nègres et les négresses de Caroline du Sud sont parfaitement prolifiques entre eux. Le climat de ce pays n'a pas affaibli leurs facultés génératrices, et il n'y a aucune raison pour que, par leurs alliances avec une race blanche acclimatée dans cette région, il produise une progéniture moins acclimatée que leurs parents. La diminution de leur vitalité et de leur fécondité ne peut donc pas être attribuée à l'influence des médias dans lesquels ils sont élevés.

En revanche, un résultat semblable à celui mentionné par Nott, en ce qui concerne la Caroline du Sud, semble avoir été obtenu à la Jamaïque sous le 18°, correspondant à peu près à la latitude du Sénégal et de Tombouctou. Cette île est située au sud de Cuba, d'Haïti et de Porto Rico, où prospèrent les Noirs et les Mulâtres, mais ces îles ont été colonisées par les Français et les Espagnols, tandis que la Jamaïque est une colonie anglaise . [29]

Les Mulâtres de la Jamaïque ont donc la même origine ethnologique que ceux de Caroline ; et les remarques suivantes tirées de l' *Histoire de la Jamaïque* , de Long, confirment entièrement l'opinion de Nott. [30]

« Les mulâtres de la Jamaïque, dit Long, sont généralement bien proportionnés, et les femmes mulâtres ont des traits fins et semblent avoir plus de blanc que de nègre dans le sang. Certains d'entre eux ont épousé des femmes de leur couleur, mais ces mariages sont généralement stériles. Ils semblent à cet égard ressembler à certaines mules, moins capables de produire entre eux qu'avec les Blancs ou les Noirs. Il est possible que certains cas se soient produits où, lors du mariage de deux mulâtres, la femme a donné naissance à des enfants, lesquels ont grandi jusqu'à maturité ; *mais je n'ai jamais entendu parler d'un tel cas* .

« Ces mulâtres de la Jamaïque, dont je parle, se sont mariés jeunes, ont reçu quelque éducation et se distinguent par leur conduite chaste et régulière. Les observations faites à leur sujet ont un grand degré de certitude. Ils ne se reproduisent pas, même si rien n'indique qu'ils ne seraient pas prolifiques en se mariant soit avec des Noirs, soit avec des Blancs.

« En recherchant des faits contraires à cette opinion, il faut écarter le soupçon que la mulâtresse ait eu des relations sexuelles avec un autre homme que son mari mulâtre, et il resterait toujours la question de savoir si le fils d'une mulâtresse, marié à la fille de deux autres mulâtres, est capable de produire et de former une race durable.

Un fait aussi grave ne pouvait passer inaperçu. Le professeur Waitz, très embarrassé, ne put lui opposer qu'un passage extrait d'un ouvrage publié en 1845 par Lewis, *On the Negroes in the West Indies* . « Lewis », dit Waitz (*Anthropologie der Naturvölker*), « nie expressément la stérilité des mulâtres de la Jamaïque dans leurs mariages entre eux, et observe qu'ils sont aussi prolifiques que les Noirs et les Blancs, mais qu'ils sont pour la plupart flasques et faibles, et leurs enfants ont peu de vitalité.

Long a déclaré qu'il ne connaissait aucun cas où les enfants de mulâtres sont arrivés à maturité. Pour réfuter cette affirmation, il aurait fallu citer des exemples connus. Mais Lewis néglige de le faire. [31] Il dit au contraire que les enfants, issus de mariages similaires, possèdent peu de vitalité. Même si cette expression n'implique pas nécessairement l'impossibilité d'arriver à l'âge adulte, elle tend au moins à conclure que les enfants ont peu de chances d'y parvenir ; et quand on considère que le passage précédent visait à réfuter les affirmations de Long, il est surprenant de constater à quel point le professeur Waitz est peu satisfait. En tout cas, cela prouve qu'il n'a pu trouver aucun autre document positif en opposition au fait évoqué par Long.

Ce n'est peut-être pas une raison pour accepter sans réserve les opinions du Dr Nott. Avant de porter un jugement définitif, il faut attendre de nouvelles observations nombreuses, authentiques et scientifiques. Néanmoins, il faut remarquer que la fécondité indéfinie des mulâtres avait été admise comme un axiome qu'on croyait n'avoir aucune nécessité de réfuter. Il suffisait de dire qu'il existe de nombreux Mulâtres, sans rechercher s'ils se maintiennent eux-mêmes ou s'ils se mélangent continuellement avec les souches parentales. Le premier qui a voulu s'enquérir de plus près a été, par ses observations, conduit à des résultats contraires à l'opinion générale. A ces observations, présentant apparemment la garantie de l'authenticité, il faut opposer l'observation positive ; et il est nécessaire que ces derniers soient spécialement collectés dans les pays où la race *germanique* s'est mariée avec la race noire de l'Afrique occidentale. Les recherches qui pourraient être faites dans les colonies françaises, espagnoles ou portugaises n'auraient aucune application directe.

Les auteurs que nous avons cités sont d'ailleurs loin d'être les seuls à avoir nié la fécondité des Mulâtres aux Antilles. Van Amringe et Hamilton Smith affirment que sans une réunion avec les souches parentales, les mulâtres disparaîtraient bientôt. Day dit que les mulâtres sont rarement prolifiques entre eux ; et Waitz, quelque peu ébranlé par ces témoignages, ajoute dans une note : « La stérilité des mulâtres, lorsqu'elle est complète, peut être comparée à ce fait reconnu par Wirgman dans les plantes, que les hybrides de types intermédiaires entre les deux souches parentales sont stériles. , tandis que ceux qui ressemblent à l'une ou l'autre espèce sont prolifiques. [32] De ces faits et témoignages il semble résulter : 1. Que les mulâtres des races germanique et éthiopienne possèdent peu de prolificité : 2. Qu'ils sont inférieurs à cet égard aux mulâtres nés du commerce de femmes et d'hommes noirs appartenant aux races caucasiennes au teint plus ou moins foncé.

Les mulâtres de cette dernière espèce existent en grand nombre dans la plus grande partie des Antilles, en Amérique du Sud, en Amérique centrale, au Mexique, à Maurice, à Bourbon et au Sénégal. Tous ces pays ont été colonisés par les Français, les Espagnols ou les Portugais. Les Mulâtres qui y naissent sont féconds dans leur mélange avec la souche parentale, comme les Mulâtres d'origine germanique ; ils sont également prolifiques entre eux, du moins dans la première génération. Sont-ils aussi prolifiques dans leurs alliances directes que dans leurs alliances mixtes ? Leurs enfants arrivent-ils à maturité comme les autres ? Et enfin, lorsque ces enfants se marient entre eux, sont-ils prolifiques, eux et leurs descendants ? Ces questions restent encore sans réponse. Ils ne peuvent être résolus qu'après une longue série d'observations recueillies par les hommes de science ; non par des voyageurs qui observent superficiellement les populations, mais par des observateurs attentifs, et principalement par des médecins résidant dans ces localités. En attendant, voici un autre passage de l'ouvrage du professeur Waitz, cité par lui dans Seemann. [33] « Les mulâtres des Noirs et des Blancs de Panama sont prolifiques entre eux, mais leurs enfants sont élevés avec difficulté ; tandis que les familles des races pures produisent moins d'enfants, qui arrivent pourtant à maturité. Les Européens du Panama sont d'origine espagnole. La prolificité des Mulâtres du premier degré est clairement indiquée dans ce passage, mais des doutes peuvent être entretenus quant à la fécondité de leurs descendants. Les mélanges de Nègres et d'Européens ne sont pas les seuls dont les résultats présentent des défauts aux observateurs. « Les Mulâtres, dit M. Boudin, [34 ans], sont très souvent inférieurs aux deux souches parentales, tant en vitalité qu'en intelligence ou en moralité. Ainsi les mulâtres de Pondichéry, connus sous le nom de Topas, présentent une mortalité non-seulement plus considérable que celle des Indiens, mais plus grande que celle des Européens, quoique ces derniers vivent considérablement moins longtemps dans l'Inde qu'en Europe. Des documents positifs sur ce point ont été publiés dans la *Revue Coloniale* . Voilà pour la vitalité.

« A Java, les mulâtres hollandais et malais sont si peu intelligents qu'ils ne pourraient jamais être employés comme fonctionnaires. Tous les historiens néerlandais sont d'accord sur ce point. Voilà pour leur intelligence.

Races malaises et mixtes

« Les mulâtres des Noirs et des Indiens, connus sous le nom de *Zambos* au Pérou et au Nicaragua, forment la pire classe de citoyens. Ils représentent les quatre cinquièmes de la population carcérale. Ce fait, déjà évoqué par Tschudi [35 ,] a été récemment confirmé par Squier. Voilà pour la moralité.

« Il existe cependant certaines qualités physiques qui peuvent être acquises par le mélange des races. Telles sont les immunités pathologiques. Les mulâtres des Antilles sont, comme les nègres, indemnes de la fièvre jaune.

La fécondité des Mulâtres n'est pas touchée dans ce passage, n'ayant pas fait l'objet de discussion. La question était simplement de savoir si l'opinion dominante, selon laquelle un mélange de races améliorées physiquement, intellectuellement et moralement, était conforme à des faits bien observés.

Aussi M. Boudin bornait-il ses observations à l'intelligence limitée que montraient les mulâtres issus de l'union des Hollandais de Java avec les Malaises. Mais dans son *Traité de géographie médicale* [36], il exprime, à propos des Mulâtres, l'opinion qu'ils ne sont pas productifs au-delà de la troisième génération. Ce fait, annoncé par le Dr Yvan et confirmé par d'autres témoignages, n'a pas été contesté. Waitz emprunte au comte Görtz quelques précisions qui ne sont pas sans intérêt.

« Les Lipplappen, dit-il (c'est le nom des mulâtres de Java), ne se reproduisent pas au-delà de la troisième génération. Flasses et faiblement, ils se développent jusqu'à la quinzième année, lorsque le développement s'arrête. A la troisième génération, ne naissent que des filles, qui sont stériles. [37] Cette phase de stérilité est très curieuse et mérite bien l'attention des physiologistes.

Il est cependant nécessaire de rechercher si la stérilité des Lipplappen dépend d'un mélange ou d'autres causes. Le climat des îles du détroit de la Sonde est très nuisible aux Européens. Les Hollandais ne perpétuent pas leur race à Batavia ; et même sans se marier avec les indigènes, ils deviennent parfois stériles à la seconde génération. La stérilité des indigènes peut [donc] être attribuée au climat. Ces résultats prouvent d'ailleurs, d'après une communication verbale du Dr Yvan à M. de Quatrefages, que dans d'autres colonies hollandaises du Grand Archipel Indien, les Mulâtres sont prolifiques. [39] Il n'est donc pas démontré que la stérilité des Lipplappen soit le résultat de leur hybridité.

M. de Quatrefages, pour expliquer la différence des résultats produits par le mélange des Hollandais et des Malais à Java et dans d'autres colonies hollandaises, suppose que cette différence est due à l'influence des médiums. C'est possible; mais il y a d'autres influences dont il faut tenir compte, à savoir la proportion numérique de l'une ou l'autre des deux races qui se marient entre elles. Là où les Européens sont peu nombreux, les mulâtres du premier degré le sont aussi très peu ; ceux qui se marient entre eux sont encore moins nombreux, et le reste s'allie à la souche parentale, principalement à la race indigène, qui est prépondérante. Là où au contraire la population européenne est considérable, les mulâtres du premier degré sont assez nombreux pour constituer une sorte de caste intermédiaire, qui, sans échapper tout à fait au recroisement, contracte presque toutes ses alliances avec ses égaux. [40] Dans le premier cas, la plupart des individus de sang mêlé se rapprochent davantage de la race indigène que de la race étrangère ; c'est-à-dire que les Mulâtres du deuxième, du troisième degré, etc., sont beaucoup plus nombreux que les Mulâtres du premier degré. Mais à mesure qu'un recroisement s'effectue, l'influence de l'hybridité diminue et s'efface. Dans le second cas, au contraire, la plupart des Mulâtres sont du premier degré [et], bien plus que les autres, soumis à l'influence de l'hybridité ; et s'il est vrai que l'hybridité provoque une diminution de la fécondité, on comprend aisément que la fécondité doit varier selon la proportion relative des deux races. Aujourd'hui, Batavia est le grand centre de population de l'archipel indien ; c'est là que les Européens sont les plus nombreux ; c'est là principalement que les Lipplappen forment une classe distincte, et c'est là précisément que se trouve leur prolificité défectueuse. Je ne prétends pas dire que cette interprétation soit parfaitement correcte ; Je l'avance simplement comme une hypothèse à vérifier. Mais ici nous avons un fait qui peut accroître sa valeur. Je l'emprunte aux travaux du professeur Waitz. On sait qu'un grand nombre de Chinois se trouvent dans les îles orientales et occidentales de l' archipel indien. Ils sont relativement moins nombreux à Java et à Sumatra, où leur commerce ne peut soutenir la concurrence des Néerlandais. « Les descendants des femmes chinoises et malaises des îles orientales de l'archipel indien, dit Waitz, disparaissent bientôt ; tandis qu'à Java, *où les Chinois purs sont peu nombreux* . Les mulâtres malais-chinois sont au nombre de 200 000. » [42]

Si la fécondité défectueuse des Lipplappen de Java est due à l'influence délétère du climat, il est bien difficile d'attribuer la grande prolificité des Malais-Chinois à la bénignité de ce même climat. De plus, les îles les plus orientales, où ces derniers mulâtres ne prospèrent pas, sont plus insalubres que Java. Il semble donc résulter des faits cités par Waitz que les Malais-Chinois prospèrent là où les Chinois sont peu nombreux, et qu'ils dépérissent là où les Chinois sont nombreux ; c'est-à-dire que la fécondité de la population hybride augmente à mesure que sont réunies les conditions favorables à un croisement à retour avec la race malaise. Cela revient au même, à savoir que les mulâtres du deuxième, du troisième et du quatrième degré sont plus féconds que ceux du premier, ce qui correspond certainement aux lois de l'hybridité entre les animaux. Ces faits nécessitent cependant d'être vérifiés et complétés avant de pouvoir servir de base pour arriver à une conclusion définitive. [43]

Ces exemples des Mulâtres de Malaisie, que nous acceptons avec réserve, tendent à démontrer que les résultats du métissage ne dépendent pas exclusivement du degré de proximité des races ; car il y a certainement moins de distance zoologique entre les Chinois et les Malais, et entre les Malais et les Hollandais, qu'entre les Noirs africains et les Européens du Sud. Pourtant, les mulâtres des colonies françaises, portugaises et espagnoles semblent doués d'une bien plus grande prolificité que les mulâtres hollandais ou chinois de Malaisie. On sait d'ailleurs qu'au Mexique et en Amérique du Sud l'union de la population indigène entre les Portugais ou les Espagnols a, dans de nombreuses localités, produit des mulâtres dont la race semble se perpétuer. [44]

En étudiant l'hybridité chez les animaux, nous avons constaté que l'homœogenèse n'est pas toujours exactement proportionnelle au degré de proximité des espèces ; nous ferons remarquer surtout que les *chabeins* , ou hybrides de la chèvre et du mouton, sont supérieurs aux mulets de l'âne et de la jument, quoiqu'il y ait une plus grande différence entre les chèvres et les moutons qu'entre le cheval et l'âne. Il [n'en] est pas moins vrai qu'en général, quoique avec quelques exceptions, les résultats des mélanges sont d'autant plus défectueux que les espèces sont plus éloignées les unes des autres. Ceci nous amène à étudier l'hybridité humaine dans des régions où les races les plus élevées sont entrées en contact avec les races les plus inférieures. Quelles sont les deux races qui constituent les extrêmes de l'espèce humaine ? Plusieurs auteurs anglais expriment la conviction que la race anglo-saxonne, ou plutôt germanique, à laquelle ils appartiennent, est la première race de l'humanité. M. Alex. Harvey est même heureux de croire que la Providence l'a créé pour gouverner tout le reste. [46] Le patriotisme est une vertu qui mérite notre estime. Nous ne tenterons donc pas de diminuer la satisfaction de nos alliés de l'autre côté du détroit, et nous reconnaîtrons en tout cas que la race qui a produit un Leibnitz et un Newton n'est inférieure à aucune.

Stérilité relative des croisements entre les Européens et les Australiens ou Tasmaniens

A l'extrémité du monde, et presque aux antipodes de la Grande-Bretagne, les Anglais sont depuis plus d'un demi-siècle en contact avec les races mélanésiennes, et spécialement avec les Australiens et les Tasmaniens. Le degré relatif d'infériorité entre ces dernières races, qui diffèrent sensiblement par leur caractère physique, peut être sujet à discussion. [47] Il est cependant généralement admis qu'ils sont inférieurs au moins à toutes les autres races qui sont entrées en contact permanent avec les Européens. La race hottentote, qu'on a longtemps considérée comme occupant le degré le plus bas, leur est évidemment supérieure. Les Hottentots, bien que réfractaires à l'éducation, ont au moins fait preuve d'un certain degré d'amélioration, tandis que les Australiens semblent des sauvages absolument incorrigibles. Les Anglais ont fait les efforts les plus persévérants pour les instruire, mais sans aucun succès. Comme ils ne pouvaient pas réussir auprès de la population adulte, ils l'essayèrent avec des enfants en bas âge et les éduquèrent avec des enfants européens dans des asiles d'orphelins ; ils y ont appris à marmonner quelques prières, même à lire et à écrire ; mais, à l'approche de la puberté, les jeunes élèves succombèrent à leurs instincts sauvages et s'enfuirent dans les bois pour vivre de nouveau chez leurs parents qu'ils n'avaient jamais connus. Autrefois, de jeunes Australiens étaient transportés en Angleterre et confiés aux frères moraves, qui ne négligeaient aucun soin pour les améliorer. « Ils sont revenus aussi brutaux qu'avant, dit M. Garnat ; « Un propriétaire de ferme de l'intérieur m'a assuré qu'il ne parviendrait jamais à les employer aux travaux agricoles les plus simples. » [48]

Ce que l'on sait des Tasmaniens ne permet guère de les considérer comme supérieurs aux Australiens. Il faut cependant admettre que ces malheureux insulaires de la Terre de Van Diemen n'ont pas été autant soignés que les Australiens. Les Anglais, si humains et si patients à l'égard de ces derniers, ont commis sur la race tasmanienne, et cela au XIXe siècle, des atrocités exécrables cent fois moins excusables que les crimes jusqu'alors sans égal dont se rendirent coupables les Espagnols au XVe siècle dans le Antilles.

Ces atrocités se sont terminées par une extermination régulière [49] provoquée, disent les optimistes, par l'insociabilité absolue des Tasmaniens. [50] Il ne s'agit pas, à notre avis, d'une circonstance atténuante, mais de tous ces faits il résulte évidemment que, de tous les êtres humains, les Tasmaniens sont, ou plutôt étaient, avec les Australiens, les plus proches de la condition brutale.

L'étude des résultats obtenus par le mélange des Anglo-Saxons avec ces races inférieures peut nous donner une idée de ce que peut produire le croisement entre les deux branches les plus disparates de la famille humaine.

M. Omalius d'Halloy, président du Sénat belge, vénérable savant, aussi connu par ses travaux géologiques que par ses travaux anthropologiques, conclut ainsi le septième chapitre de son Traité des races humaines : « Il est remarquable que, *bien* que un nombre considérable d'Européens habitent désormais les mêmes pays que les Andamènes, aucune mention n'est faite de l'existence d'hybrides issus de leur union. [51] Sous le nom d'Andamenes, d'Halloy comprend les Australiens, les Tasmaniens et tous les noirs aux cheveux laineux de la Mélanésie et de la Malaisie.

On peut donc inférer de ce passage, soit que les Européens établis dans ces pays n'ont aucun lien avec les femmes noires indigènes, ce qui paraît inadmissible, comme nous le montrerons tout à l'heure, soit que le mélange entre les deux races est parfaitement stérile. Cette dernière affirmation n'est cependant pas tout à fait exacte. Il est vrai que la plupart des voyageurs ne font aucune mention des hybrides de Mélanésie ; il est également vrai qu'ils sont très rares, mais il en existe encore. Ainsi, Quoy et Gaymard ont vu *un* hybride d'une femme européenne et d'une femme tasmanienne. [52] M. Gliddon, qui malheureusement ne cite pas la source d'où il a tiré ses informations, annonce que jusqu'en 1835, date à laquelle les Tasmaniens furent exterminés, on ne connaissait, dans toute la Tasmanie, que deux mulâtres adultes. [53] Ceci indique soit que peu de gens naissaient, soit qu'ils moururent en bas âge, car la colonie, fondée en 1803 par une population d'abord presque *exclusivement masculine* , s'était, en quelques années, considérablement agrandie par l'arrivée de forçats et de libres. colons, presque tous des hommes. M. Jacquinot, après avoir annoncé qu'il n'y avait pas d'hybrides en Australie, ajoute : « À Hobart Town, et dans toute la Tasmanie, il n'y a pas non plus d'hybrides. » [54] Aucun autre auteur n'a, à notre connaissance, mentionné d'hybrides tasmaniens.

Le mélange des Anglais avec les femmes indigènes d'Australie n'a pas été plus productif. « Il n'y a presque pas, dit Jacquinot, de mulâtres australiens et anglais mentionnés. » Cette absence de Mulâtres entre deux peuples vivant en contact sur le même sol, prouve incontestablement la différence des espèces. On peut également remarquer que si de tels croisements existaient réellement, ils seraient facilement reconnaissables. [M.] Lesson, qui vécut environ deux mois à Sydney et ses environs, et qui fit plusieurs excursions parmi les indigènes, ne mentionne qu'un seul métis, descendant d'un homme blanc et femme d'un chef nommé Bongari. [56] Cunningham, grand défenseur de la race australienne — qui d'ailleurs a fini par le tuer, et on dit même qu'il l'a mangé — a écrit deux volumes sur la Nouvelle-Galles du Sud, dans lesquels il n'est fait mention ni directement ni indirectement de plus d'un seul mulâtre, et il se trouve que ce seul mulâtre est précisément celui dont parle M. Lesson. [57] Aucun statisticien, ni aucun historien, ne dénombre les croisements au sein de la population australienne. Nulle part cependant les classes de la société ne sont plus nombreuses et plus distinctes. Les fonctionnaires, les colons nés en Europe, les colons nés en Australie, les forçats, les émancipés, les descendants de forçats, etc. ; forment autant de classes s'enviant et se méprisant, elles se disputent leurs privilèges respectifs, et se donnent des surnoms plus ou moins pittoresques. Il y a les livres sterling, les monnaies, [58] les légitimes, les illégitimes, [59] les purs Mérinos, les forçats, les titrés, les sans titre, les canaris, les hommes du gouvernement, les bushrangers, les émancipistes, [60] et quelques autres classes d'immigrants ou de forçats. Dans ce riche vocabulaire, il n'existe pas un seul mot pour désigner les Mulâtres. Cependant, dans tous les pays où se mélangent des races de couleurs différentes, la langue du lieu contient toujours des dénominations distinctes pour les mulâtres de diverses nuances. Rien de tel n'existe en Australie. Il existe même une classe d'hommes blancs, les *légitimes*, qui portent aussi le nom de *métis*. [61] Ce mot désignerait partout ailleurs les Mulâtres, en Australie il désigne les forçats européens, étant jugé impossible que le rare issu d'un mélange entre les deux races devienne jamais une partie de la population.

Cependant, ce n'est pas seulement en Nouvelle-Galles du Sud que nous sommes frappés par la rareté des croisements entre Européens et Australiens ; M. McGillivray mentionne un fait similaire à propos du port d'Essingen, colonie anglaise de l'Australie du Nord. [62]

On peut donc admettre comme un fait authentifié que les croisements entre Européens et femmes indigènes sont très rares en Australie, comme ils l'étaient en Tasmanie lorsque la race tasmanienne existait.

Ce fait est tellement en opposition avec l'opinion générale sur le mélange des races humaines, qu'avant de l'attribuer à des causes physiologiques, il faut rechercher s'il n'est pas dû à quelques autres causes.

Nous pourrions être tentés, par exemple, de supposer qu'il n'y avait pas de mélange et que la laideur et les sales habitudes des femmes indigènes freinaient le désir sexuel des Européens. Ceci a été avancé, non pas par des voyageurs qui ont affirmé précisément le contraire, mais par des raisonneurs honnêtes et sensés, dont le goût raffiné révoltait devant l'aspect des portraits et des bustes des femmes australiennes. Ce serait un fait grave qu'une race entière éprouve une répugnance si irrésistible envers une autre, car la nature n'a inspiré un tel sentiment de répulsion qu'aux êtres d'espèces différentes, et l'homme est certainement de tous les animaux le moins exclusif. Y a-t-il dans nos ports une prostituée assez laide et assez vieille pour effrayer le marin ? Ne sait-on pas que les Hottentots, dont la laideur est proverbiale, se sont mêlés aux Européens d'Afrique du Sud ? Il faut donc écarter une telle supposition, qui n'est pas fondée sur une connaissance correcte de la nature humaine. Il existe d'ailleurs quelques documents qui nous portent à croire que les Européens d'Australie et de la Terre de Van Diemen se sont mêlés aux femmes indigènes.

D'après Malte-Brun, la population de la colonie de Sydney s'élevait en 1821 à 37,068 individus, ainsi répartis. [63]

Colons libres, ou condamnés libérés,	Hommes	12 608
Libérer les « colons » ou libérer «	femmes	3 422
Libérer les « colons » ou libérer «	enfants	7 224
Condamnés des deux sexes		13 814
		———
		37 068

Ainsi, parmi les adultes libres, il n'y avait que vingt-sept femmes pour cent hommes, c'est-à-dire que soixante-treize hommes sur cent étaient absolument empêchés de se marier.

La proportion relative des condamnés des deux sexes n'est pas indiquée dans le récit ci-dessus, mais on sait qu'à l'origine les condamnés de sexe masculin constituaient la grande majorité, et qu'il y eut par la suite beaucoup moins de femmes que d'hommes.

En 1825 [64,] le nombre des habitants s'élevait à près de 50 000 ; mais à partir de cette période, les condamnés furent pour la plupart envoyés dans la Terre de Van Diemen, et la population blanche d'Australie diminua rapidement faute de recevoir des renforts réguliers. En 1836, il n'y avait que 36 598 de toutes les classes.

Gratuit   Hommes 13 456
                                  } 20 930
Fr »   femmes   7 474

Condamnés Hommes 14 135
                                  } 15 668
Contre »   femmes   1 513

---

36 598

Il n'y avait ainsi, parmi les forçats, qu'une femme pour neuf hommes, et parmi la population libre, une femme pour deux hommes. [65]

De là peut s'expliquer le faible accroissement de la population durant les premières périodes de la colonie et la diminution considérable qui correspond à la période de 1825 à 1830. En 1845, selon Henricq, [66] Nouvelles-Galles du Sud avaient déjà, depuis sa fondation reçu 90 000 forçats des deux sexes, sans compter un nombre inconnu mais considérable d'émigrants volontaires, et pourtant la population totale ne comprenait que 85 000 individus. A la même époque, il n'y avait dans la classe libre que trois femmes pour cinq hommes, et parmi les forçats une femme pour douze hommes. Dans la colonie de Hobart Town, en Tasmanie, la disproportion était un peu moindre, car il y avait cinq femmes libres pour sept hommes et une femme forcée pour douze hommes.

Il est difficile de croire que les hommes libres privés de femmes aient tous été doués de la vertu de continence. Mais en admettant cela un instant, nous ne pouvons pas avoir la même opinion à l'égard des condamnés, qui ne sont certainement pas choisis dans les classes les plus vertueuses de la Grande-Bretagne. Il convient de noter que les détenues ne sont pas des femmes publiques de la colonie. Le gouvernement accorde certains avantages aux condamnés qui contractent des mariages légitimes ; c'est le premier pas vers leur libération, et lorsqu'un navire arrive avec une cargaison de femmes, elles sont volontiers adoptées par les condamnés. Les neuf dixièmes de ces derniers sont donc entièrement privés de femmes blanches. D'un autre côté, ils se procurent *les gins* (c'est le nom des femelles australiennes) avec la plus grande facilité, et bien qu'on ne sache pas que beaucoup d'entre eux cohabitent avec les femelles, cela peut être facilement deviné et affirmé. « Les femmes des habitants de Port Jackson, dit Lesson, surveillent et excitent les hommes blancs et se prostituent pour *un verre de cognac* . » [67]

Après avoir observé que ces tribus vivent principalement du produit de la chasse et viennent en ville échanger leur poisson contre des hameçons, du pain ou du rhum, Cunningham ajoute que ce commerce donne lieu à des scènes de débauche, que la prostitution des femmes indigènes avec les Blancs avait pris des proportions considérables, « étant donné que les Australiens prêtent leurs femmes aux forçats contre une tranche de pain ou une pipe de tabac ». [68] Inutile de citer d'autres témoignages après que le principal défenseur de la race australienne s'est ainsi exprimé.

Il est donc parfaitement certain que de nombreuses alliances ont eu lieu et se nouent entre les Européens et les femmes autochtones. Les habitants de la colonie, qui ne pouvaient qu'en être conscients, ont eu recours à une hypothèse singulière, acceptée par Cunningham et récemment par Waitz. On a imaginé que les maris australiens, excités par la jalousie, tuaient tous les nouveau-nés de sang mêlé ; et à ces massacres hypothétiques (dont il n'existe aucune preuve) ils attribuent la rareté des croisements. Pour que cette histoire acquière quelque vraisemblance, il faut d'abord que toutes les femmes australiennes soient sous la domination de maris jaloux et féroces, et qu'aucune d'entre elles n'ait l'instinct maternel suffisamment développé pour sauver son enfant de la fureur des son mari. Cunningham, en acceptant cette explication, oublie qu'il raconte dans la même page que les Australiens prostituent leurs *gins* au premier venu pour une pipe de tabac. De tels êtres ne se sentiraient pas très déshonorés par la naissance de cet enfant étranger. Mais voici un exemple qui prouve que les Australiens ne sont pas tout à fait dénués d'humour ; montrant, du moins, qu'ils n'ont aucune notion de l'honneur conjugal. Bongarri, dont nous avons déjà parlé, et qui, en 1825, était le chef le plus célèbre des hordes australiennes de Port Jackson, traitait comme son fils le fruit des relations adultères de son gin *avec* un forçat du lieu. Lorsqu'on lui demanda comment il se faisait que son fils ait un teint si clair, il répondit en plaisantant : « que sa femme aimait beaucoup le pain blanc et en avait trop mangé ». Il renvoyait invariablement la même réponse aux enquêteurs. Si un chef guerrier couvert de cicatrices honorables [70] attache si peu d'importance à la fidélité de sa femme et plaisante sur son déshonneur, il n'est guère admissible que les hommes de sa tribu soient plus susceptibles à cet égard · Pourtant, ce même chef trouvait, selon Cunningham [71,] tout à fait naturel que, selon la coutume australienne, le plus faible des deux jumeaux nouveau-nés soit tué.

Cette coutume a été citée pour montrer que les femmes australiennes n'attachent aucune importance à la vie de leurs enfants, et que, par conséquent, elles n'opposeraient aucune résistance au massacre des mulâtres nouveau-nés. Une race d'êtres où les femelles n'aiment pas leurs petits ne serait guère une race humaine. L'habitude de ne conserver qu'un seul jumeau et de sacrifier l'autre le jour de sa naissance semble invraisemblable et inexplicable ; mais considérant la condition de famine des Australiens, l'incertitude et l'insuffisance de leur alimentation, le manque absolu d'organisation sociale et la difficulté matérielle d'élever un seul enfant, on peut imaginer que la mère, incapable, peut-être, en allaitant un bébé, se résigne-t-elle à sacrifier un enfant pour sauver l'autre. Il n'y a donc pas de parallèle absolu entre la coutume des jumeaux et celle du prétendu massacre des métis. Si l'on suppose encore que les indigènes des environs de Sydney, pervertis par leurs relations avec les forçats et exaspérés par leur violence, ont adopté cette révoltante habitude, il faudrait alors seulement admettre qu'une telle dégradation n'est que locale dans son application. Certaines abominations se propagent de lieu en lieu et se transmettent de peuple à peuple ; mais un usage si contraire à l'instinct naturel ne se produit pas simultanément et sous la même forme dans les différentes parties d'un pays. Cependant les Australiens de Sydney n'ont aucun moyen de transmettre leurs coutumes ni aux indigènes de Tasmanie, ni à ceux de Port Essington, dans le nord de l'Australie. Le Dr Waitz suppose que même à sept cents milles de Sydney, les indigènes sacrifient tous les jeunes mulâtres. Cette supposition est assez hasardeuse, d'autant que le voyageur qu'il cite se contente de dire que ces Mulâtres ne paraissent pas capables de se développer. [72]

Nous concluons de cette discussion peut-être trop longue que le meurtre des mulâtres australiens est une histoire vulgaire. En admettant que de tels meurtres se produisent occasionnellement, ou même qu'ils soient fréquents, il devrait quand même y avoir de nombreux mulâtres en Australie, à condition que le mélange soit très prolifique. Nous ne pouvons trouver dans l'étrange explication ci-dessus qu'une confirmation, et très forte aussi, du fait que nous avons établi, à savoir que les croisements sont rares en Australie. Si ce fait n'avait pas été parfaitement évident, il n'y aurait eu aucune occasion de l'expliquer, et M. Cunningham, qui a fait des efforts si acharnés pour réintégrer les indigènes, ne les aurait pas accusés d'une accusation aussi terrible.

Nous n'avons pas épuisé la liste des hypothèses avancées pour expliquer la stérilité presque constante qui accompagne les relations entre les Australiens, les Tasmaniens et les Anglais. On a dit aussi que, pour la plupart, les rapports entre les deux races étaient accidentels, momentanés, et que par conséquent la femme indigène a beaucoup plus de chances de tomber enceinte de son mari sauvage que de ses amants européens, et que la rareté des Les mulâtres australiens n'avaient pas d'autre cause. M. de Freycinet semble avoir accepté cette explication. « Aucune alliance *permanente ne* se forme entre les deux peuples, bien que l'on trouve ici et là quelques mulâtres ; mais ce ne sont que le résultat de quelques liens transitoires entre Européens et Australiennes. [73]

Observations du comte Strzelecki ; discussion

Remarquons d'abord que le nombre des métis est dans beaucoup de pays beaucoup plus considérable, si le mélange s'effectue de la même manière, comme c'est le cas notamment en Afrique du Sud. Il existe des croisements dans plusieurs îles polynésiennes, où les Européens ne se sont jamais installés définitivement, mais sont apparus seulement temporairement. Il devrait donc y en avoir un bon nombre dans les colonies australiennes, même s'il était vrai que les Blancs n'ont jamais noué d'alliance permanente avec les femelles indigènes. Il ne fait cependant aucun doute que des alliances plus ou moins durables se soient établies entre les deux races, à savoir que de nombreux Blancs ont gardé pendant des mois et des années des concubines australiennes sous leur toit. [74] Ce fait résulte positivement de la controverse soulevée par le comte Strzelecki. Ce célèbre voyageur, qui a visité l'Amérique et l'Océanie, a remarqué que les femmes indigènes, après avoir vécu une fois avec la race blanche, deviennent stériles avec les hommes de leur propre race, bien qu'elles puissent encore devenir enceintes d'hommes blancs. Il affirme avoir recueilli des centaines de cas similaires parmi les Hurons, les Séminoles, les Araucaños, les Polynésiens et les Mélanésiens. Il ne cherche pas à expliquer ce phénomène étrange, qui, observe-t-il, est dû à quelque loi mystérieuse, et qui lui paraît être une des causes du déclin rapide des populations indigènes dans les régions occupées par les Européens. [75]

M. Alex. Harvey dit que les professeurs Goodsir, Maunsel et Carmichael ont, à partir de diverses sources, établi que l'affirmation du comte Strzelecki est *incontestable* et doit être considérée comme l'expression d'une loi de la nature. [76]

M. de Strzelecki n'a pas précisé que la stérilisation des femelles indigènes était la conséquence de la procréation de croisements. Il parle simplement des relations sexuelles en général ; et il semble résulter du texte qu'une femme indigène qui a cohabité pendant quelque temps avec un Européen, devient stérile dans les relations avec des hommes de sa propre race, même si elle n'a pas produit d'enfant.

On a cependant supposé que cet observateur ne parlait que de ces femmes qui ont été au moins une fois fécondées par un Européen, et c'est sous cette forme que la question a été examinée par les physiologistes. On s'est demandé comment la gestation d'un fœtus de mulâtre pouvait modifier la constitution de la mère pour la rendre stérile avec les hommes de sa race ; et M. Alex. Harvey, [77 ans], en développant une théorie de M. McGillivray, a supposé que l'embryon, pendant qu'il était in utero, soumettait la mère, par une sorte d'inoculation, à des modifications organiques ou dynamiques dont les éléments avaient été transmis à l'embryon par l'organisme. père, et la mère conserverait alors l'empreinte de façon permanente. A l'appui de cette hypothèse, l'auteur rappelle que certaines maladies, comme la syphilis ancienne et non contagieuse, peuvent être communiquées à la mère par l'intermédiaire du fœtus. Il observe en outre que chez les chevaux, les bœufs, les moutons et les chiens, une femelle, fécondée pour la première fois par un mâle, peut conserver longtemps une certaine disposition à produire avec un autre mâle des petits ressemblant au premier, phénomène bien connu. aux éleveurs. Il remarque enfin qu'une jument, ayant donné naissance à une mule, conçoit ensuite plus difficilement à partir de chevaux qu'à partir d'ânes, et il relie ces exemples à ceux des femmes indigènes qui, une fois fécondées par un homme blanc, en deviennent stériles dans leur vie. connexion avec des hommes de leur propre race, sans toutefois perdre la capacité de devenir à nouveau enceinte d'hommes blancs.

Je ne peux pas accepter cette théorie aventureuse que le Dr Carpenter était presque prêt à adopter, mais qu'il a écartée dans un post-scriptum, en raison de nouvelles informations qu'il a reçues lors de la mise sous presse de son article. L'influence du premier mâle sur la descendance suivante a été maintes fois mise en évidence par le croisement d'animaux de la même race et même d'espèces différentes. L'existence d'un tel phénomène dans l'espèce humaine est, en tout cas, encore douteuse, et le lien entre des faits de ce genre et l'affirmation de Strzelecki est encore plus discutable. Il faut aussi remarquer que Strzelecki, en soulignant la stérilité des femmes sauvages qui ont cohabité avec les Blancs, ne parle pas seulement de celles qui ont donné naissance à des mulâtres, mais s'applique également à celles qui n'ont pas donné naissance à des enfants ; et si M. Harvey avait compris le sens exact du texte, il n'aurait peut-être pas avancé sa théorie.

Les observations de M. de Strzelecki, quoique faites dans diverses régions, ont été publiées dans un ouvrage sur l'Australie. On pensait qu'il parlait surtout des femmes indigènes de la Nouvelle-Galles du Sud, et c'est plutôt de ce pays qu'on attendait davantage d'informations à ce sujet. M. Heywood Thomson, chirurgien de la marine anglaise, se saisit de la question et envoya au *Edinburgh Monthly Journal* un article tendant à réfuter l'affirmation de Strzelecki. Cet article montre effectivement que l'opinion de Strzelecki était beaucoup trop générale. L'auteur déclare qu'il avait connu un colon de la rivière Macquarie, qui lui communiqua le fait suivant : — Un de ses serviteurs forçats eut un enfant, né d'une Australienne, qui retourna ensuite dans sa propre tribu, eut alors un enfant. deuxième enfant d'un autochtone. M. Thomson déclare que d'autres cas de ce genre s'étaient produits dans la colonie ; et il porte un coup fatal à la théorie de M. Harvey en ajoutant que les femmes australiennes qui ont cohabité pendant un certain temps avec les Blancs ne sont pas plus prolifiques avec eux qu'avec les indigènes. Mais bien que M. Thomson ait essayé de prouver que la cohabitation avec les Européens ne rend pas nécessairement les femmes australiennes stériles avec des hommes de leur propre race, il reconnaît qu'un tel résultat est très courant. Il l'admet comme un fait incontestable et le considère si certain qu'il tente de l'expliquer en l'attribuant aux causes suivantes :

1. L'Européen qui a cohabité avec une Australienne la renvoie au bout de quelques années, alors qu'elle n'est souvent pas assez jeune pour avoir des enfants, car les Australiennes en conçoivent rarement après la trentième année. 2. La cohabitation avec un Européen modifie la constitution de la femme sauvage, qui fume et s'enivre fréquemment pendant ce temps. 3. N'ayant pas perdu les habitudes de la vie sauvage, elle retourne dans sa tribu, où elle supporte maintenant avec peine les fatigues et les irrégularités, ce qui diminue sa fécondité. 4. Enfin, lorsqu'elle devient mère, et que les fatigues de la maternité s'ajoutent à ses autres ennuis, elle tente d'y échapper par l'infanticide. C'est à l'effet conjugué de ces causes que l'auteur attribue la rareté des enfants nés de femmes indigènes australiennes retournées dans leurs tribus.

C'est très significatif lorsqu'un auteur, malgré lui, confirme par ses théories des faits qu'il s'était engagé à réfuter. Je ne reviendrai pas sur l'histoire de l'infanticide, cent fois plus improbable ici que dans le cas où l'enfant avait été engendré par un Européen. S'il résulte de l'article de M. Thomson que l'affirmation de Strzelecki était trop générale, il en résulte en même temps que cette affirmation était bien fondée. Mais ce n'est pas le lieu de chercher l'explication d'un phénomène qui, malgré les efforts de M. Harvey, ne touche pas à l'hybridité. Si je me suis attardé sur ce fait, c'est parce que les polémiques suscitées par les observations de Strzelecki ont incontestablement établi que la *cohabitation* de Blancs et de femmes australiennes autochtones est très courante en Australie ; et on n'entend pas sous ce nom les rapports sexuels accidentels et transitoires, tels qu'ils se produisent lorsque les femmes viennent au marché, mais la cohabitation sous le même toit, et prolongée pendant plusieurs mois, et même des années. La rareté des mulâtres australiens ne peut donc être attribuée ni à la rareté ni au caractère transitoire des rapports sexuels ; nous ne pouvons pas non plus admettre, tant que nous ne sommes pas mieux informés, que la relative stérilité de tels croisements soit la conséquence de quelque défaut homoogénésique entre les deux races.

En étudiant les cas précédant ceux qui viennent d'être mentionnés, nous avons posé la question de savoir si les mulâtres du premier degré étaient, entre eux, indéfiniment prolifiques, pour répondre à laquelle il a fallu analyser un certain nombre de faits. Dans le cas présent, les faits nous trompent et la question ne peut être examinée que théoriquement. Aucun voyageur ou auteur n'a parlé de l'alliance des mulâtres australiens entre eux, ni de leurs recroisements sur la souche parentale. Aucun écrivain ne nous a appris si ces Mulâtres sont robustes, intelligents, vifs, ou au contraire faibles, stupides et éphémères. Une chose me paraît certaine, c'est que le nombre des jeunes mulâtres qui meurent en bas âge ou qui ne sont pas viables doit être relativement considérable, et cela a peut-être donné lieu à l'accusation d'infanticide, que j'ai déjà réfutée. Cette descendance défectueuse s'observe également dans les croisements de certaines espèces d'animaux mais peu homoogénésiques ; et s'il est vrai, comme tout tend à l'établir, que l'union des Blancs et des Australiennes est peu prolifique, on peut supposer que les mulâtres, issus d'unions si disparates, doivent entrer dans la catégorie des croisements inférieurs. Sont-ils très prolifiques entre eux ? Cela semble peu probable, bien que nous n'en ayons aucune connaissance expérimentale. Il est même douteux qu'ils soient très prolifiques auprès des Blancs, car personne n'a mentionné l'existence de Mulâtres Quadroon, qui pourraient être aussi facilement reconnus que les Quadroons des Antilles. Si petit que soit le nombre des femmes hybrides du premier degré, ces femmes auraient dû produire avec les Blancs, si elles avaient été très prolifiques, une progéniture qui aurait dû devenir nombreuse dans la population d'une colonie fondée depuis plus de soixante-dix ans ; car il ne fait aucun doute que là, comme partout, la femme de couleur choisit de préférence l'alliance des hommes de race supérieure.

Je suis loin d'avancer ces suppositions comme des vérités démontrées. J'ai étudié et analysé tous les documents à ma portée ; mais je ne puis être responsable de faits non constatés par moi-même et qui sont trop en opposition avec les opinions généralement reçues pour être admis sans une enquête rigoureuse. J'attire donc instamment l'attention des voyageurs, et spécialement des médecins résidant en Australie, sur ce sujet dont j'ai essayé de souligner l'importance. Jusqu'à ce que nous obtenions de plus amples détails, nous ne pouvons raisonner que sur les faits connus ; mais celles-ci, il faut l'admettre, sont si nombreuses et si authentiques qu'elles constituent sinon une démonstration définitive rigoureuse, du moins une forte présomption en faveur des doctrines des polygénistes.

Conclusions sur l'hybridité humaine

De l'ensemble de nos recherches sur l'hybridité du genre humain nous obtenons les résultats suivants :

1. Que certains mélanges sont parfaitement eugénésiques.

2. Que d'autres mélanges sont dans leurs résultats notablement inférieurs à ceux de l'hybridité eugénésique.

3. Que les mulâtres du premier degré, issus de l'union de la race germanique (anglo-saxonne) avec les nègres africains, paraissent inférieurs en fécondité et en longévité aux individus des races pures.

4. Qu'il est pour le moins douteux que ces Mulâtres, dans leurs alliances entre eux, soient capables de perpétuer indéfiniment leur race, et qu'ils soient moins prolifiques dans leurs alliances directes que dans leurs recroisements

avec les souches parentales, comme on l'observe dans hybridité paragénésique.

5. Que les alliances entre la race germanique (anglo-saxonne) et les races mélanésiennes (Australiens et Tasmaniens) sont peu prolifiques.

6. Que les mulâtres issus de tels rapports sont trop rares pour nous avoir permis d'obtenir des détails exacts sur leur viabilité et leur fécondité.

7. Que plusieurs degrés d'hybridité, qui ont été observés dans les croisements d'animaux de différentes espèces, semblent également se produire dans les divers croisements d'hommes de races différentes.

8. Que le degré le plus bas de l'hybridité humaine, dans lequel l'homœogenèse est si faible qu'il rend incertaine la fécondité du premier croisement, se manifeste dans les croisements les plus disparates entre l'une des races les plus élevées et les deux races les plus inférieures de l'humanité.

SECTION IV.

RÉCAPITULATION ET CONCLUSION.

LES questions nombreuses et controversées que nous avons eu à discuter ont plus d'une fois interrompu la chaîne de notre thèse. Il peut donc être utile de présenter ici un *résumé* des différentes parties de notre argumentation.

Les zoologistes ont, dans *chacun* des groupes naturels qui constituent les genres, reconnu *plusieurs* types qu'ils appellent espèces. [81]

Le groupe humain constitue évidemment un seul genre ; s'il ne s'agissait que d'une seule espèce, il formerait une seule exception dans la création. Il est donc naturel de présumer que ce genre est, comme tous les autres, composé d'espèces différentes.

Dans la plupart des genres, les diverses espèces diffèrent beaucoup moins les unes des autres que certaines races humaines. Un naturaliste qui, sans toucher à la question de l'origine, applique purement et simplement au genre humain les principes généraux de la zootaxie, serait porté à diviser ce genre en différentes espèces.

Cette façon d'envisager le sujet ne peut être abandonnée que si l'observation démontre que toute la différence entre les races humaines a été le résultat de modifications provoquées dans l'organisation de l'homme par l'influence des médias.

Les monogénistes ont d'abord fait de grands efforts pour fournir une telle démonstration, mais sans succès. L'observation a montré au contraire que, quoique l'organisation de l'homme puisse, au cours du temps et sous l'influence des conditions extérieures, subir quelques modifications, ces modifications sont cependant relativement très légères et n'ont aucun rapport avec l'organisation de l'homme. différences typiques des races humaines. L'homme, transplanté dans un climat nouveau et soumis à un mode de vie nouveau, conserve et transmet à la postérité tous les caractères essentiels de sa race, et ses descendants n'acquièrent pas le caractère de la ou des races indigènes. *Cœlum, mutant non corpus qui trans jument groseille.*

Les monogénistes ont objecté que l'époque des colonies lointaines était trop récente ; que les observations tendant à établir la permanence des types humains datent à peine de trois ou quatre siècles, et que ce laps de temps est insuffisant pour produire une transformation des races, et qu'une telle transformation s'est produite graduellement au cours de la longue série de siècles écoulés. , selon les uns depuis la création de l'homme, et selon d'autres depuis le Déluge.

Mais l'étude des peintures égyptiennes a montré que, d'une part, les principaux types du genre humain existaient alors, 2,500 ans au moins avant Jésus-Christ, tels qu'ils existent aujourd'hui.

D'autre part, la race juive, dispersée depuis plus de dix-huit siècles sous les climats les plus divers, est partout la même aujourd'hui qu'elle l'était en Egypte au temps des Pharaons.

La période des observations *positives* date donc de plus de quarante siècles et non de trois ou quatre. [82]

N'ayant plus aucun espoir de prouver par des démonstrations directes que les caractères distinctifs des races humaines sont des transformations d'un type primitif, les monogénistes cherchèrent des preuves indirectes. Ils croyaient les avoir trouvés dans ce fait, ou plutôt dans cette affirmation, qu'il existe toujours une certaine relation entre les caractères des races humaines et les milieux dans lesquels elles existent. Un examen attentif révèle que cette affirmation est dénuée de tout fondement. En étudiant un à un les principaux caractères ethnologiques et leur répartition à la surface du globe, il a été montré qu'il n'y a aucune relation entre ces différents caractères et les conditions climatiques et hygiéniques.

Les monogénistes recourent alors à une argumentation encore plus indirecte. Ils avançaient que dans tout *le genre homo,* il existait un fonds d'idées, de croyances, de connaissances et de langage communs, attestant l'origine commune de tous les êtres humains. On pourrait objecter que cet argument est sans aucune valeur ; considérant que les communications indirectes entre peuples d'origine différente auraient pu se transmettre des mots, des usages et des idées. Mais une étude approfondie de la question a montré qu'il existe certains peuples qui n'ont absolument aucune notion de Dieu ou de l'âme, dont les langues n'ont aucun rapport avec aucune, qui sont totalement antisociaux et qui diffèrent davantage des Caucasiens par le plan intellectuel. et leurs capacités morales que par leurs caractères physiques.

Il n'était même pas nécessaire d'insister sur la difficulté, ou plutôt sur l'impossibilité géographique de la dispersion de tant de races procédant d'une origine commune, ni de remarquer qu'avant les migrations lointaines et presque récentes des Européens, chaque groupe naturel de races humaines occupait sur notre planète une région caractérisée par une faune particulière ; qu'aucun animal américain n'a été trouvé ni en Australie ni sur l'ancien continent, et que là où l'on a découvert des hommes d'un type nouveau, on n'a trouvé que des animaux appartenant à des espèces, même à des genres, et quelquefois à des ordres zoologiques, sans analogues dans d'autres régions de l'Amérique. le globe.

Et tandis qu'il était si simple de supposer qu'il y avait plusieurs *facettes* de la création de l'homme, ainsi que des autres êtres ; et tandis que cette doctrine, si conforme à toutes les données fournies par les sciences naturelles, écartait toutes les objections géographiques, expliquant ainsi toutes les analogies et différences des types humains, et la répartition de chaque groupe ; tandis qu'en un mot elle rendait compte exactement de tous les faits connus, la doctrine opposée se déplaçait dans un cercle de suppositions contradictoires superposées d'hypothèses ; des théories fondées sur un petit nombre de faits bouleversés par d'autres faits inattendus ; influences imaginaires réfutées par l'observation ; légendes anti-historiques dissipées par les monuments historiques ; explications boiteuses détruites par la physiologie ; des sophismes obscurs réfutés par la logique ; et tout cela pour démontrer, non pas exactement que toutes les races descendent du même couple, mais que, à proprement parler, cela n'est pas tout à fait impossible.

D'où les monogénistes ont-ils puisé la persévérance et le courage nécessaires pour imposer à leur raison une telle retenue continue et pour résister aux témoignages de l'observation, de la science et de l'histoire ?

En analysant leur système, on trouve à chaque instant deux axiomes fondamentaux qui leur servent d'articles de foi, et dont l'évidence leur paraît suffisante pour surmonter toutes les autres objections.

Ces deux axiomes ont servi de prémisses à un syllogisme apparemment irrésistible.

1. Tous les animaux capables de produire une descendance eugénésique sont de la même espèce.

2. Tous les croisements humains sont eugénésiques.

Tous les hommes sont donc de la même espèce.

Les monogénistes, convaincus de la réalité des prémisses de ce syllogisme, pensaient que leur doctrine reposait sur des bases solides et la défendaient avec cette assurance qu'inspire la conviction.

Assaillis d'objections pressantes, constamment obligés de céder, incapables de faire un pas sans une retraite immédiate, ils sentirent leurs forces se ranimer en recourant à leur syllogisme, comme Antée lorsqu'il toucha la terre. Tant que le refuge restait, ils continuaient la lutte, non pas avec avantage, du moins avec l'ardeur de la foi ; car si la foi ne déplace plus les montagnes, elle laisse encore l'espoir de les déplacer.

Mais ces deux propositions fondamentales, admises comme axiomes, expriment-elles la vérité ? Ce syllogisme triomphant, dont ils sont les prémisses, peut-il tenir ? Est-il vrai que seuls les animaux d'une même espèce peuvent produire une progéniture prolifique ? Est-il vrai que tous les croisements humains sont eugénésiques ? Pour bouleverser le syllogisme des monogénistes et priver leur système de toute base scientifique, il suffirait peut-être de répondre par la négative à la première des questions ci-dessus. Le système deviendrait alors ce qu'il était avant d'entrer en contact avec la science, c'est-à-dire une croyance plus ou moins respectable, fondée sur un sentiment ou un dogme. Mais si la deuxième question était également rejetée et qu'il était possible de démontrer que tous les croisements humains ne sont pas eugénésiques, alors non seulement le syllogisme, mais toute la doctrine des monogénistes s'effondrerait. La doctrine ne serait alors pas simplement extra-scientifique, mais anti-scientifique ; il est positif que deux groupes d'animaux, si différents qu'ils sont incapables de fusionner par génération, n'appartiennent pas à la même espèce. C'est une vérité incontestable et incontestée.

Nous avons ainsi été amenés à examiner successivement les deux propositions fondamentales servant de base à la doctrine unitaire, ce qui a nécessité une série de recherches.

Nous avons étudié en premier lieu les résultats de certains croisements entre animaux d'espèces incontestablement différentes, tels que chiens et loups, chèvres et moutons, chameaux et dromadaires, lièvres et lapins, etc. ; et nous avons démontré *que ces croisements produisent des métis eugénésiques, c'est-à-dire parfaitement et indéfiniment prolifiques entre eux* .

Il n'est donc pas vrai que tous les animaux capables de produire une descendance eugénésique soient de la même espèce ; et même si tous les mélanges humains étaient eugénésiques, comme on le croit généralement, on ne pourrait en déduire l'unité de l'espèce humaine. Les monogénistes sont ainsi privés de leur fondement principal et de leur seul argument scientifique.

Il fallait cependant se demander si cet axiome populaire selon lequel tous les croisements humains sont eugénésiques était une vérité démontrée ou une hypothèse acceptée à la légère, sans aucune vérification ni contrôle ? Tel a été l'objet de notre deuxième série d'investigations.

Nous avons reconnu d'emblée que les monogénistes, considérant leur axiome comme allant de soi, n'ont fait aucun effort pour en établir l'exactitude, de sorte qu'à strictement parler, nous aurions pu l'écarter. Lorsque, contrairement à l'opinion de plusieurs auteurs modernes, nous avons voulu établir qu'il y avait réellement des mélanges eugénésiques dans le genre humain, nous avons trouvé dans la science des assertions sans preuves, et nous croyons que nos recherches sur les populations mixtes de France ont, en cela, le respect, le mérite de la nouveauté. Nous pouvons nous tromper sur la valeur de notre démonstration ; mais nous osons affirmer que cette démonstration est la première qui ait été tentée.

Après avoir rendu, sinon tout à fait certain, du moins extrêmement probable, que *certains* croisements humains étaient eugénésiques, nous nous sommes demandé si *tous* les croisements humains étaient dans le même état.

Il résulte des documents recueillis que *certains* croisements humains donnent des résultats notablement inférieurs à ceux qui constituent chez les animaux l'hybridité eugénésique. L'ensemble des faits connus permet de considérer comme très probable que certaines races humaines prises deux à deux sont moins homogènes ; comme, par exemple, les espèces du chien et du loup. S'il faut faire une réserve, et laisser quelques doutes sur cette conclusion, c'est que l'on ne peut admettre, sans de nombreuses vérifications, un fait qui démontre définitivement la pluralité de l'espèce humaine ; un fait par la présence duquel toute autre discussion est rendue superflue ; un fait enfin dont les conséquences politiques et sociales seraient immenses.

On ne saurait trop insister pour attirer l'attention des observateurs sur ce sujet. Mais quel que soit le résultat des recherches ultérieures sur l'hybridité humaine, il reste bien attesté que des animaux d'espèces différentes peuvent produire une descendance eugénésique, et que par conséquent on ne peut, de la fécondité du métissage humain, si disparates que soient les races, tirer une descendance physiologique. argument en faveur de l'unité des espèces, même si la fécondité était aussi certaine que douteuse.

Le grand problème que nous avons étudié dans cet essai est l'un de ceux qui ont provoqué une grande agitation et le plus difficile à aborder avec un esprit impartial par toute idée préconçue extra-scientifique. C'était presque inévitable ; mais la science doit se tenir à l'écart de tout ce qui ne relève pas de sa compétence. Il n'y a pas de foi, si respectable soit-elle, aucun intérêt, si légitime soit-il, qui ne doive s'accommoder des progrès de la connaissance humaine et ne se plier devant la vérité, si cette vérité est démontrée. Il est donc toujours hasardeux de mêler des arguments théologiques à des discussions de ce genre, et de stigmatiser au nom de la religion toute opinion scientifique, puisque, si cette opinion, tôt ou tard, gagne du terrain, la religion a été inutilement compromise. L'intervention maladroite des théologiens dans les questions astronomiques (rotation de la terre), de physiologie (préexistence des germes), de médecine (possessions), etc., a formé plus d'infidèles que les écrits des philosophes. Pourquoi les hommes devraient-ils être confrontés au dilemme de choisir entre la science et la foi ? Et alors que tant d'exemples frappants ont placé les théologiens dans la nécessité de reconnaître que la révélation n'est pas applicable à la science, pourquoi continuent-ils obstinément à placer la Bible avant les roues du progrès ? [83]

Les chrétiens sincères ont compris que le moment était venu de préparer la conciliation de la doctrine des polygénistes avec les écrits sacrés. Ils sont disposés à admettre que le récit mosaïque ne s'applique pas à l'ensemble du genre humain, mais simplement aux *Adamites*, d'où est issu le peuple de Dieu ; qu'il pouvait y avoir d'autres êtres humains dont l'écrivain sacré ne se souciait pas ; qu'il n'est dit nulle part que les fils d'Adam contractèrent des alliances incestueuses avec leurs propres sœurs ; que Caïn, banni après le meurtre de son frère, avait une marque sur lui pour que personne ne puisse le tuer ; qu'outre les fils de Dieu, il y avait une race de fils de l'homme ; que l'origine des fils des hommes n'est pas précisée ; que rien n'autorise à les considérer comme la descendance d'Adam ; que ces deux races différaient par leurs caractères physiques, puisque, par leur union, il se produisit un croisement désigné sous le nom de géants, « pour indiquer l'énergie physique et morale des races mixtes ». Et qu'enfin, toutes ces races antédiluviennes auraient pu survivre au déluge en la personne des trois belles-filles de Noé. [84]

Nous avons rassemblé ici les observations de divers auteurs, dont l'un, le révérend John Bachmann, remarque avec une évidente satisfaction que, si contrairement à l'opinion dominante, la multiplicité des espèces humaines devrait finalement être démontrée, ce qu'il considère comme très improbable, la l'autorité de la Bible demeurerait inébranlable et que "le plus grand intérêt de l'humanité n'en souffrirait pas". Il s'agit ici d'une conciliation préparatoire comme d'une sorte de prévision des développements scientifiques ultérieurs. Tout récemment, un fervent catholique, médecin, qui dans ses divers voyages a étudié attentivement les races humaines, M. Sagot, a avancé une hypothèse que nous considérons comme toute nouvelle, et qui nous permettrait, mieux que par les suppositions précédentes, pour adapter le récit biblique à la science anthropologique. Après avoir démontré que les caractères physiques, intellectuels et moraux établissent entre les races des hommes des différences profondes, indélébiles, et que toutes les influences auxquelles on les attribue sont absurdes et imaginaires, dans la mesure où les causes naturelles n'auraient jamais produit une pareille En s'écartant de la forme primitive, M. Sagot suppose que la division en races parfaitement distinctes, et leur dispersion et répartition méthodiques sur la surface de la terre, fut une intervention miraculeuse de la Providence. Il est d'avis que ce grand fait s'est accompli à l'époque de la confusion des langues, c'est-à-dire après l'audacieuse entreprise de la Tour de Babel, et que Dieu, en dispersant les familles, a doté chacune d'elles d'une organisation particulière et d'aptitudes adaptées. aux différents climats qui leur sont assignés. [85] Que les différences des races humaines et leur répartition géographique aient été la conséquence de créations distinctes, ou de transformations miraculeuses équivalentes à de nouvelles créations, cela revient au même en ce qui concerne la doctrine des polygénistes. Leur objet n'est pas d'entrer dans des discussions théologiques

; ils y ont été poussés, et ils seront sans doute ravis d'apprendre que leur doctrine pourra se développer sans offenser personne.

L'intervention de considérations politiques et sociales n'a pas été moins préjudiciable à l'anthropologie que l'élément religieux. Lorsque de généreux philanthropes réclamaient, avec une constance infatigable, la liberté des Noirs, les partisans de l'ancien système, menacés dans leurs intérêts les plus chers, étaient enchantés d'entendre que les Nègres n'étaient guère des êtres humains, mais plutôt des animaux domestiques, plus intelligents et plus productifs que les Noirs. repos. A cette époque, la question scientifique devenait une question de sentiment, et quiconque souhaitait l'abolition de l'esclavage se croyait obligé d'admettre que les Nègres étaient des Caucasiens noircis et crépus par le soleil. Maintenant que la France et l'Angleterre, les deux nations les plus civilisées, ont définitivement émancipé leurs esclaves, la science peut revendiquer ses droits sans se soucier des sophismes des esclavagistes.

Beaucoup d'honnêtes gens pensent que le moment de parler librement n'est pas encore venu, car la lutte d'émancipation est loin d'être terminée aux États-Unis d'Amérique, et qu'il faut éviter de fournir des arguments aux esclavagistes. Mais est-il vrai que la doctrine polygéniste, vieille d'à peine un siècle [86], soit à quelque degré responsable d'un ordre de choses qui existe depuis des temps immémoriaux, et qui s'est développé et perpétué pendant une longue suite de siècles, à l'ombre de de la doctrine des monogénistes, restée si longtemps incontestée ? Et peut-on croire que les propriétaires d'esclaves soient très gênés de trouver des arguments dans la Bible ? Le révérend John Bachmann, fervent monogéniste de la Caroline du Sud, a acquis dans les États du Sud une grande popularité en démontrant, avec une grande onction, que l'esclavage est une institution divine. [87] Ce n'est pas dans les écrits des polygénistes, mais dans la Bible, que les représentants des États esclavagistes ont tiré leurs arguments ; et M. Bachmann nous dit que les abolitionnistes du Congrès ont été stupéfaits par une autorité aussi irréfragable ! Il ne faut donc pas croire qu'il existe un quelconque lien entre la question scientifique et la question politique. La différence d'origine n'implique nullement la subordination des races. Cela implique au contraire l'idée que chaque race humaine est originaire d'une région déterminée, pour ainsi dire, comme couronne de la faune de cette région ; et s'il était permis de deviner l'intention de la nature, nous pourrions être amenés à supposer qu'elle a assigné un héritage distinct à chaque race, car, malgré tout ce qu'on a dit du cosmopolitisme de l'homme, l'inviolabilité du domaine de certaines races est déterminée par leur climat.

Comparons cette façon d'envisager la question avec celle des monogénistes, et demandons laquelle des deux façons est la plus propre à plaire aux défenseurs de l'esclavage. Si tous les hommes descendent d'un même couple, si l'inégalité des races a été le résultat d'une malédiction plus ou moins méritée, ou encore si les uns se sont dégradés et ont laissé s'éteindre le flambeau de leur intelligence primitive. , tandis que les autres ont soigneusement gardé le précieux don du Créateur, - en d'autres termes, s'il existe des races maudites et bénies, - des races qui ont obéi à la voix de la nature et des races qui lui ont désobéi, - alors le révérend John Bachmann a raison de dire que l'esclavage est un droit divin ; que c'est une punition providentielle ; et qu'il est juste, jusqu'à un certain point, que les races qui se sont dégradées soient placées sous la *protection* des autres, pour emprunter un euphémisme ingénieux au langage des défenseurs de l'esclavage. Mais si l'Éthiopien est roi du Soudan du même droit que le Caucasien est roi de l'Europe, de quel droit a-t-il le droit d'imposer des lois au premier, sinon par le droit de la force ? Dans le premier cas, l'esclavage se présente avec une certaine apparence de légitimité qui pourrait le rendre excusable aux yeux de certains théoriciens ; dans le second cas, c'est un fait de pure violence, contre lequel s'élèvent tous ceux qui n'en tirent aucun bénéfice.

D'un autre point de vue, on pourrait dire que la doctrine polygéniste accorde aux races inférieures de l'humanité une place plus honorable que dans la doctrine opposée. Être inférieur à un autre homme, que ce soit en intelligence, en vigueur ou en beauté, n'est pas une condition humiliante. Au contraire, on pourrait avoir honte d'avoir subi une dégradation physique ou morale, d'être descendu dans l'échelle des êtres et d'avoir perdu un rang dans la création.

NOTES DE BAS DE PAGE :

[1] Gobineau, *Inégalité des Races Humaines* , in-8, Paris, 1855 ; [également traduit en anglais, *Sur l'inégalité des races humaines* , et édité par Henry Hotze, 8vo. ÉDITEUR.]

[2] « La seule action des lois de l'hybridité », dit Nott, « pourrait exterminer l'espèce humaine entière si tous les différents types d'êtres humains existant réellement sur terre fusionnaient complètement. » *Types d'humanité* , p. 407, huitième édition, Philadelphie, 1857. Le Dr Robert Knox n'est pas moins explicite. « Je ne crois pas qu'une race mulâtre puisse être maintenue au-delà de la troisième ou quatrième génération par de *simples mulâtres* ; ils doivent se marier avec les races pures ou périr. Robert Knox, *Les races d'hommes* , Londres, 1850.

[3] Georges Pouchet, *De la Pluralité des Races Humaines* , p. 140, Paris, 1858. [Une traduction de cet ouvrage sera prochainement publiée par l'Anthropological Society of London, éditée par T. Bendyshe, Esq., MA, FASL EDITOR.]

[4] Prichard, *Histoire naturelle de l'homme* .

[5] Davis et Thurnam, *Crania Britannica* , p. 7, n° 4, Londres, 1856.

[6] Voir les voyages de Truter et Somerville (1801), Lichtenstein (1805), Campbell (1813), John Philips (1825), Thompson (1824), etc., dans le Recueil des voyages de Walkenaer, t. xv-xxi, Paris, 1842. En 1801, Truter et Somerville trouvèrent près de la rivière Orange ou Gariep, dans le district où se trouve aujourd'hui la ville de Griqua, une horde de Bastaards *et* de *Bosjesmen* , commandés par un Bastaard du nom de Kok (t. xvii , p.364). A leur retour, ils trouvèrent un village considérable, composé de Cafres, de Hottentots et de races bâtardes de plusieurs variétés, sous le commandement d'un chef nommé Kok (p. 393). La même année, Kitchener, le missionnaire, rassemble la horde dans un village. Il y avait de purs Hottentots et Namaquas (t. XVIII, p. 126). En 1802, le missionnaire Anderson, en organisant la nation en pleine croissance, donna l'autorité aux Bastaard (p. 127). Le village de Laawater ou Klaarwater, devenu depuis Griqua-town, se composait en 1805, lorsque Lichtenstein le visita, d'une trentaine de familles, dont la moitié appartenait à la race Bastaard, le reste était des Namaquas ou des Hottentots. Le village s'agrandit rapidement « par l'arrivée de réfugiés et par les mariages avec les femmes des Bosjesmen et des Koramas, qui vivaient dans les environs » (t. XIX, p. 355). Ils pratiquaient la polygamie. « Ils constituaient une horde de sauvages nomades et nus, vivant de pillage et de chasse ; leurs corps étaient maculés de peinture rouge, leurs cheveux couverts de graisse, vivant dans l'ignorance, sans aucune trace de civilisation » (p. 356). Au bout de cinq ans,

les missionnaires commencèrent à les civiliser en leur donnant le goût des travaux agricoles. Mais le nom de *Bastaards* , qui indiquait leur origine européenne, ne convenait plus à cette nation, dans laquelle le sang africain était largement prédominant. Ils prirent donc le nom de *Griquas* . Campbell affirme qu'ils ont choisi ce nom, car c'était celui de la famille principale (t. XVIII, p. 395). Cette explication me paraît très douteuse. Ten Rhyne, qui explora l'Afrique australe en 1673, vingt ans après le premier débarquement des Européens, mentionne déjà l'existence d'un peuple Hottentot qui portait le nom de *Gregoriquos* (t. XV, p. 122). Trente ans après (1705) Kolbe désigne le même peuple *Gauriquas* (t. xv, p. 253). Il existait à cette époque un autre peuple, appelé *Chirigriquas* . En 1775, Thunberg parle encore de Gauriquas (t. xvi, p. 201) et de Chirigriquas. Tous ces noms ont évidemment la même racine, et la singularité de l'énonciation hottentote a probablement incité les différents voyageurs à adopter une orthographe différente. On peut donc présumer que les Hottentots de Klaarwater, en s'appelant Griquas, ont simplement adopté l'ancien nom de Gauriquas. Il existe encore aujourd'hui le peuple *Koraquas* , signifiant « les gens qui portent des chaussures » (Burchell, t. xx, p. 60). Ils habitent dans le quartier de Klaarwater. Quoi qu'il en soit, le nouveau peuple des Griquas donna à Klaarwater, influencé par les missionnaires anglais, le nom de Griqua-town. Cette ville, appelée par Malte-Brun Kriqua, s'est développée rapidement par l'adjonction des Koranas. En 1813, il n'y avait pas moins de 1 341 Koranas pour une population de 2 607 habitants (t. XVIII, p. 393). En 1814, le gouverneur du Cap tenta d'obliger les Griquas à fournir des hommes pour l'armée indigène. La proposition fut très mal accueillie et la nation était presque en état de dissolution. Une partie des habitants de Griqua-ville s'enfuit dans les montagnes environnantes, et forma des bandes de voleurs qui, sous le nom de Bergmaars, dévastèrent le pays, et, s'associant à des bandes de Koranas, pillèrent et massacrèrent les Betchouanas et les Bosjesmen. et *ils enlevèrent leurs femmes et leurs enfants* . En 1825, grâce à l'intervention de John Philips, les Bergmaar furent réduits à l'ordre et retournèrent à Griqua-town. Ils avaient maintenant croisé les Koranas, les Betchouanas et les Bosjesmen (t. XVIII, p. 357). Quelque temps auparavant, de graves dissensions avaient éclaté parmi les Griquas sédentaires. Le gouverneur du Cap avait envoyé un agent, John Melvil, avec une charge importante auprès d'un certain Waterboer, Bosjesman d'origine. La suprématie appartenait jusqu'alors à la famille Kok, qui, fière des gouttes de sang européen dans ses veines, ne voulait pas reconnaître l'autorité de Waterboer et émigre en conséquence. Waterboer ne fut cependant pas licencié ; et en 1825, John Philips trouva les Griquas divisés en trois kraals, sous les chefs Kok, Berend et Waterboer (t. XIX, p. 370). Si le Dr Prichard avait pris la peine de consulter ces documents, il aurait reconnu que les Griquas étaient devenus, par tant de croisements consécutifs, une race presque purement africaine. Les géographes modernes classent donc les

Griquas parmi les Hottentots, les appelant Hottentot-Griquas. Il est à noter également que Prichard, en citant les Griquas comme exemple de race métisse, n'en a donné aucune description. Pour que l'exemple ait quelque valeur, il faut que les Griquas présentent un type intermédiaire entre les Européens et les indigènes. Ni le Dr Prichard ni aucun voyageur ne le disent. Il y a une autre considération. L'origine de la nation Griqua date du début du XIXe siècle. Le Dr Prichard en parle pour la dernière fois en 1843. Deux générations ne s'étaient pas encore écoulées. Il y a un autre point. En 1800, la tribu de Kok était une horde mais peu nombreuse ; en 1824, c'était un peuple de cinq mille âmes, dont sept cents guerriers armés (Thompson, *loc. cit.* , t. XXI, p. 22). Il est clair que ce peuple ne descendait pas de la tribu primitive, mais s'était agrandi de nombreuses adjonctions. Le père Peteam lui-même, s'il était encore en vie, serait obligé de l'admettre. J'ai été très minutieux sur les Griquas, mais je me flatte que cela suffit pour écarter de la science l'affirmation de Prichard, que tous les monogénistes modernes ont reçue avec tant de faveur.

[7] Quoy et Gaimard, *Observat. sur la constitution physique des Papous* , reproduite dans Leçon. *Complément des Œuvres de Buffon* , t. III., Paris, 1829.

[8] Domeny de Rienzi, *l'Océanie* , t. III, p. 303. Paris, 1837.

[9] Maury, *La terre et l'homme* , p. 365. Paris, 1847.

[10] Latham, *L'histoire naturelle des variétés de l'homme* , p. 213. Londres, 1850. Le Dr Latham désigne les Malais par le nom un peu fantastique de Protonésiens. On retrouve un grand nombre de néologismes de ce genre dans son œuvre.

[11] Certains géographes disent que Waigiou est une grande île ; mais ils ne donnent aucune dimension. Elle est cependant à peine aussi grande que l'île de Majorque. Il est de forme irrégulière, long et étroit ; elle a environ 80 lieues de circonférence (Dumont d'Urville à Rienzi, *l'Océanie*). Elle n'a que 25 lieues de longueur et 10 lieues de largeur, dit Henricy (*Histoire de l'Océanie.* Paris, 1845.). L'île de Majorque n'a que 22 lieues de longueur sur 16 lieues de largeur. Trois races réunies sur un si petit territoire ne peuvent rester longtemps étrangères les unes aux autres.

[12] Leçon, *loc. cit.* t. ii. p. 19.

[13] Davis, *Crania Britannica* . Introduction, p. 8, remarque.

[14] Ces dénominations géographiques ne sont certes pas irréprochables ; ils ont même l'inconvénient de donner naissance à l'idée fausse que toutes les races du même type sont originaires de la même région ; que tous les Blancs venaient du Caucase, tous les Mongols de Mongolie, les Noirs de Nigritie, même les insulaires de Van-Diemen. J'ai cependant cru bon de conserver ces dénominations, car elles sont généralement en usage et n'ont aucune

signification zoologique. Il n'en est pas de même des dénominations adoptées par certains auteurs, dérivées de la couleur de la peau. Ainsi, les Caucasiens étaient appelés les *blancs* , les Mongols les *jaunes* , les Éthiopiens les *noirs* , les Malayo-Polynésiens les *bruns* et enfin les Américains la race *rouge* . Il a été démontré que le type américain comprend à lui seul les races rouge, brune, noire, blanche et jaune. Il existe des races brunes dans le type américain et même dans le type caucasien. Toutes les races noires n'appartiennent pas au type éthiopien ; et enfin le type malayo-polynésien comprend des races de couleurs aussi diverses que celles appartenant au type américain. Une classification fondée sur des différences de couleur conduirait à de nombreuses et graves erreurs.

[15] Il ne fait aucun doute que plusieurs races américaines ont été détruites en 300 ans ; d'autres ayant été réduites à quelques familles, vont bientôt disparaître. Les Charruas furent exterminés en 1831 par les Espagnols d'Amérique du Sud : racine et branche, comme le dit le Dr Latham. En 1835, quatre ans plus tard, les Anglais de Van Diemen's Land, après un horrible massacre, transportèrent 210 Tasmaniens, hommes, femmes et enfants, vers une petite île (Flinders), dans le détroit de Bass. En 1842, après sept années d'exil, le nombre de ces malheureux s'élevait à 54 ! C'est tout ce qui reste d'une race qui, 40 ans auparavant, occupait la totalité du pays de Van Diemen, aussi grand que l'Irlande, et nous apprendrons peut-être bientôt qu'aucune d'entre elles n'existe. Les Malais ont entièrement détruit les races noires qui les précédaient dans certaines îles du grand archipel indien. Les Guanches ne sortent désormais que momifiés. La race noire et prognathe qui occupait les îles du Japon avant l'arrivée des Mongols n'a laissé d'autres traces que leurs crânes enfoncés dans le sol ; et il est facile de prévoir que d'ici un ou deux siècles, toutes les races noires auront disparu de ces régions et seront remplacées par des Malais et des Européens.

[16] Gerdy, *Physiologie Médicale* , t. je, p. 290. Paris, 1832.

[17] Bérard, *Cours de Physiologie* , t. je, p. 465. Paris, 1845.

[18] *Journal de Physiologie* , t. je, p. 120. 1858.

[19] Macedones qui Alexandriam in Ægypto, qui Seleuciam ac Babyloniam, quique alias sparsas per orbem colonias habent in Syros, Parthos, Ægyptos degenerarunt. *Mésange. L.* , lib. xxxviii., § 217.

[20] Tous les Gaulois n'étaient pas blonds ; mais ceux qui, trois siècles avant notre ère, envahirent la Grèce et l'Asie Mineure, étaient blonds, selon tous les témoignages ; ils appartenaient donc à la race Kimri.

[21] Gliddon, *Les monogénistes et les polygénistes* . Philadelphie, 1857. George Pouchet, *De la Pluralité des races humaines* , p. 136. Paris, 1858.

[22] Volney, *Voyage en Syrie et en Egypte* , t. je, p. 98. Paris, 1757.

[23] Knox, *Les races humaines* . 8vo, Londres, 1850.

[24] Serres, *Rapport sur les résultats scientifiques du voyage de l'Astrolobe et de la Zélée* (Comptes Rendus, t. xiii, p, 648.). [La taille du pénis n'est pas un caractère constant chez le mâle « éthiopien ». Il existe cependant des exemples de son énorme développement chez les Noirs d'Afrique occidentale .]

[25] Theodor Waitz (de Marbourg), *Anthropologie der Naturvölker* , p. 203. Leipzig, 1859. [Traduit en anglais pour l'Anthropological Society of London et édité par J. Frederick Collingwood, Esq., FGS, FRSL : 8vo, Londres, 1863.— Editeur .] Mollien, *Voyage dans l'intérieur de l'Afrique* . Rafnel, *Voyage dans l'Afrique occidentale* , 1846, p. 51. Mohammed-el-Tounsy, *Voyage au Darfour* , p, 227, trad. Jomard. Paris, 1845.

[26] *Voyage au Pôle sud et dans l'Océanie sur l'Astrolabe et la Zélée* , sous le commandement de Dumont-d'Urville, pendant les années 1837-1840 : *Zoologie* par M. Jacquinot, commandant de la Zélée, t. ii, p. 91-93. Paris, 1846.

[27] JC Nott, *L'hybridité des animaux considérée en relation avec l'histoire naturelle de l'humanité : types d'humanité* . Nott et Gliddon. Philadelphie, 1854.

[28] En dix ans, de 1840 à 1850, le nombre d'esclaves en Caroline du Sud a augmenté de 56 786. En 1840, il y avait 327 934 esclaves ; en 1850, 384 720. Il s'agit d'une augmentation de plus de 17 pour cent. Les esclaves de toutes nuances sont compris dans ce récit, mais les Noirs purs forment la grande majorité, et il est probable que c'est à eux exclusivement que l'on doit la forte augmentation du nombre des esclaves. Le nombre de croisements ne peut être déterminé par les statistiques fournies. Il serait d'ailleurs impossible de distinguer dans les rapports donnés les métis nés de l'union des mulâtres et des mulâtresses, et ceux issus des blancs et des noirs. Les statistiques ne jettent donc aucune lumière sur la question de savoir si la race mulâtre se maintient. Mais il existe une classe particulière d'hommes de couleur qui fait l'objet de l'attention de certains gouvernements, qui soutiennent avec satisfaction que cette classe diminue considérablement. C'est la classe des hommes libres de couleur, jouissant de certains droits civiques très gênants pour les États esclavagistes. Il fut un temps où l'émancipation des hommes de couleur ne rencontrait aucun obstacle et le nombre d'hommes de couleur libres augmentait rapidement. De nombreux propriétaires blancs ont donné la liberté à leurs enfants naturels. Mais lorsque des lois restrictives furent introduites, le nombre d'hommes de couleur libres commença à diminuer. Ils ne s'allient plus avec les Blancs qui les méprisent, ni avec les esclaves, et en sont réduits à se marier entre eux. Le recensement de Charleston donna, en 1830, le nombre d'hommes de couleur libres et de leurs descendants s'élevant à 2 107 ; en 1848, il fut réduit à 1.492, soit une diminution de 605 en 2.107,

soit plus de 29 pour cent. Le *Charleston Mercury* a publié ces chiffres pour montrer que la classe des esclaves affranchis ne doit exciter aucune appréhension en Caroline du Sud, et que le gouverneur a poussé son zèle trop loin en proposant d'expulser cette classe. Une diminution aussi énorme dépend, sans doute dans une large mesure, du faible nombre de naissances. Il y a une autre circonstance qui aurait pu contribuer à réduire la caste ; c'est-à-dire que tout individu affranchi, ou son descendant, une fois quitté l'État, n'est pas autorisé à y revenir ; ceci ne constitue cependant qu'une cause mineure de la décadence. (Voir *Charleston Medical Journal*, mai 1851, vol. vi, p. 381).

[29] Les premiers Européens établis à la Jamaïque étaient des Espagnols ou des Portugais ; mais l'île fut conquise par les Anglais en 1655, lorsque tous *les anciens colons* se retirèrent, emportant la plus grande partie de leurs richesses. Cromwell s'empressa de repeupler l'île en y transportant un certain nombre de condamnés politiques. En 1659, quatre ans après la conquête, il y avait déjà 4 500 Européens et 1 400 Noirs sur l'île. En 1670, la population blanche s'élevait à 7 500 personnes et les esclaves à 8 000. On observera alors que la population de la Jamaïque descend exclusivement des colons *anglais* et des esclaves nègres. Quant aux Caraïbes, ils ont été entièrement exterminés par les Espagnols un siècle avant l'arrivée des Anglais.

[30] Long (Edward), *Histoire de la Jamaïque*, vol. II, p. 235, Londres, 1774, cité dans le *Charleston Medical Journal*, vol. vi. 1851.

[31] La relation de Lewis est, à certains égards, plus suggestive que celle de Long. Ce dernier dit que les Mulâtres du premier degré sont bien constitués ; tandis que Lewis prétend qu'ils sont pour la plupart *faibles et flasques*, d'où il résulte que l'infériorité physique se manifeste dès *le premier croisement*. Nous pensons que cela est incorrect. L'auteur s'efforce d'expliquer le défaut de vitalité chez les enfants des Mulâtres, et a recours à une théorie qui, si elle était bien fondée, ne ferait, au lieu d'affaiblir, que renforcer le fait. En revanche, nous pensons que l'affirmation de Long, malgré le correctif qui l'accompagne, est trop générale. S'il était vrai que l'union des mulâtres est toujours improductive à la Jamaïque, le fait eût été trop évident pour ne pas avoir été connu longtemps, car la stérilité *absolue* est facile à constater. Mais la stérilité relative peut longtemps passer inaperçue, étant donné qu'il existe toujours dans les races pures un certain nombre de cas de stérilité sporadique. Il est probable que des investigations ultérieures permettront d'établir pour la Jamaïque des conclusions analogues à celles adoptées par M. Nott pour la Caroline du Sud ; à savoir que les mulâtres de cette île *anglaise* sont moins prolifiques entre eux qu'avec les blancs ou les noirs, et que leurs descendants directs sont généralement moins vifs et moins prolifiques que les hommes des races pures.

[32] Waitz, *loc. cit.* , p. 205. Van Amringe, *Enquête sur les théories de l'histoire naturelle de l'homme* . Hamilton Smith, *Histoire naturelle de l'espèce humaine* , 1848. Jour, *cinq ans de résidence aux Antilles* , vol. je, p. 294, 1852.

[33] Seemann, *Reise um die Welt* , bd. 1, p. 314, 1853. Waitz, *Anthropologie* , p. 207.

[34] *Bulletins de la Société d'Anthropologie* : procès-verbal de la séance du 1er Mars, 1860, vol. je, p. 206.

[35] Le Dr Tschudi ajoute : « Considérés comme des hommes, les Zambos sont bien inférieurs aux races pures : » *Voyages au Pérou* , Londres, 1847. G. Pouchet, *De la Pluralité des Races Humaines* , p. 137. Paris, 1848.

[36] Boudin, *Géographie Médicale* , Introduction, p. 39. Paris, 1857.

[37] Graf Görtz, *Reise* , bd. III, p. 288. Waitz, *Anthropologie* , bd. je, p. 297. Je trouve dans le voyage d'Havorinus un passage qui peut, peut-être, expliquer l'acte singulier signalé par le comte Görtz. Ayant donné le chiffre de la population européenne de Batavia, Havorinus ajoute : « Parmi les Européens figurent aussi ceux qui sont nés de parents européens, parmi lesquels les femmes forment la grande majorité » (Havorinus, Voyage par le Cap de Bonne-Espérance et Samarang , *et traduit du Hollandais* , chap. VIII, t. II , p. 283. Paris). Il semble donc que l'influence du climat produit une certaine modification dans les capacités génératrices des Européens, les rendant moins aptes à procréer des mâles, même avec les femmes de leur propre race. Cette modification peut être transmise à leurs descendants par des mélanges. Le fait d'Havorinus doit cependant être vérifié.

[38] Steen Bille, *Bericht über die Reise der Galathea* , bd. je, p. 376, 1852 : Waitz, *loc. cit.*

[39] A. de Quatrefages, *Du Croisement des races humaines ; Revue des Deux-Mondes* , t. VIII, p. 162, *et note* , 1857.

[40] En Amérique, le mélange entre Blancs, Nègres et Mulâtres se déroule différemment. Les mulâtres sont des esclaves comme les nègres. Un grand nombre de mulâtresses deviennent les concubines des Blancs : et les mulâtres sont pour la plupart obligés de s'en tenir aux femmes noires. Il y a donc relativement peu d'unions entre mulâtres de même sang. L'abolition de l'esclavage ne pourra ni ne modifiera sensiblement cet état de choses pendant longtemps. Le préjugé contre la couleur ne s'effacera pas de sitôt ; et de nombreuses femmes mulâtres préfèrent être les maîtresses des Blancs plutôt que les épouses des mulâtres. Aux Indes orientales, le préjugé de couleur n'existe pas. Les Blancs sont simplement considérés comme une classe aristocratique ; les Malais sont libres aussi bien que les Mulâtres, ils l'ont toujours été. Les mulâtres sont fiers d'avoir dans les veines du sang européen,

comme, chez nous, certains citoyens sont fiers de leurs alliances aristocratiques. Ils forment ainsi, *dans les centres de population* , une sorte de caste intermédiaire entre les Blancs et les indigènes.

[41] Il faut mentionner que l'expression du premier degré désigne ici non seulement les individus issus du premier mélange, mais encore les descendants des unions qu'ils forment entre eux.

[42] Waitz, *loc. cit.* p. 207.

[43] M. Gutzlaff, le missionnaire chinois, a été frappé du peu de fécondité des mulâtres de Cambojia, descendants de la race indigène et des immigrants chinois. Cambojia est située au sud-ouest du Siam, au sud d'Anam, entre 10° et 14°. « Il est remarquable, observe-t-il, que les mariages des femmes indigènes avec les Chinois soient productifs à la première génération, mais deviennent progressivement stériles, et complètement à la cinquième génération. J'ai vu de nombreux cas de ce genre ; mais je ne peux pas expliquer une telle dégénérescence entre des nations si semblables par leur conformation physique et leur mode de vie. S'il n'en était pas ainsi, la race chinoise devrait devenir prédominante et absorber la race indigène en quelques siècles. Tcl n'a pas été le cas, et les innombrables immigrants que la Chine accueille semblent rares parmi la population.» (Gutzlaff, *Geography of the Cochin-Chinese Empire, Journal of the Royal Geographical Society of London* , vol. XIX, p. 108, Londres. 1849.)

[44] On ne sait pas quel est le degré de mélange dans les populations hybrides du Mexique et de l'Amérique du Sud ; les observations relatives à ces croisements sont extrêmement difficiles à recueillir, car la variation des Mulâtres de différents degrés n'est pas aussi apparente que chez les Mulâtres, Quadrons, etc., des Noirs et des Européens. Quant à la couleur, aux cheveux, à la forme du crâne, les races européennes, surtout celles du sud, diffèrent infiniment moins des races américaines que des races éthiopiennes et intermédiaires ; même les mulâtres du premier degré sont beaucoup moins marqués dans le premier cas que dans le second. Ainsi les célèbres Paulistas de la province de Saint-Paul au Brésil, issus de l'union des Portugais et des Indiens, constituent une classe vigoureuse, courageuse et même héroïque, quoique féroce et turbulente. Selon certains auteurs, le sang européen y prédomine ; d'autres, au contraire, soutiennent qu'ils sont de purs Indiens. Ces contradictions prouvent la difficulté d'évaluer le degré de mélange entre les Mulâtres issus des Européens et des Indiens. La question de savoir si *les mulâtres du premier degré* sont indéfiniment prolifiques *entre eux* , s'ils le sont habituellement ou seulement exceptionnellement, ne peut être résolue par les voyageurs. Les observateurs résidents, et notamment les médecins, peuvent en fin de compte fournir des faits précis.

[45] Les Chabeins sont des hybrides eugénésiques, tandis que les mules proprement dites sont des hybrides dysgénésiques.

[46] *Journal mensuel des sciences médicales, Édimbourg* , vol. XI, p. 301, 1850. [L'exemple le plus flagrant se trouve parmi les descendants de sang mêlé des nations anglo-saxonnes, allemandes, hollandaises, françaises et irlandaises des États fédéraux d'Amérique, dont le « destin manifeste », selon leur propre espoir, c'est « l'annexion » du monde civilisé. Les puritains de la Nouvelle-Angleterre fondaient leurs prétentions sur la colonie sur les propositions suivantes : 1. Que la terre appartient au Seigneur et tout ce qu'elle contient. 2. Que Dieu a donné la terre pour qu'elle soit habitée par ses saints. 3. Que nous sommes les saints. Les aborigènes du pays furent en conséquence extirpés, pour réaliser pratiquement ces sentiments . — RÉDACTEUR.]

[47] Il faut rappeler que les Australiens ont les cheveux raides et brillants, tandis que les cheveux des Tasmaniens sont laineux.

[48] *Dic. Pittor. d'Hist. Nature.* , art. *Homme* , t. IV, p. 11, Paris, 1836. Voir aussi vol. iii, *Océanie* , de Rienzi ; l'histoire de deux Australiens, Benilong et Daniel, qui, après avoir vécu quelques années libres et choyés parmi les Européens, ont jeté leurs vêtements et sont allés vivre dans les bois.

[49] En 1835, les Anglais de Van Diemen's Land entreprirent de se débarrasser complètement des indigènes. Une *battue* régulière fut organisée dans toute l'île, et en peu de temps tous les Tasmaniens, sans distinction d'âge ni de sexe, furent exterminés, à l'exception de deux cent dix individus, qui furent transportés dans la petite île Flinders (ou, Fourneaux), dans le détroit de Bass. Tout cela était le reste d'une race qui, avant l'arrivée des Anglais, avait occupé un territoire presque aussi grand que l'Irlande. Cet effroyable massacre produisit une profonde horreur dans le Parlement anglais, mais on ne songea pas à renvoyer ces malheureux dans leur sol natal. Des mesures furent cependant prises pour les traiter humainement dans l'île de Flinders, et pour leur fournir abondamment des victuailles ; ils étaient également instruits en religion. L'île a environ treize lieues de longueur sur sept de largeur ; les réfugiés ne manquaient donc pas d'espace. Néanmoins, sur ces deux cent dix individus, pour la plupart adultes, périrent rapidement, et le comte Strzelecki, qui les visita en 1842, n'en retrouva que cinquante-quatre. En sept ans et quelques mois, seuls quatorze enfants étaient nés. (Strzelecki, *Description physique de la Nouvelle-Galles du Sud et de Van Diemen's Land* , pp. 353-357, Londres, 1845.)

[50] Quelques mois avant l'extermination des Tasmaniens, un habitant de Hobart Town écrivit une lettre à Rienzi, copiée par lui dans *Océanie* , p. 558. L'auteur prévoyait qu'un conflit était inévitable. Il observe : « Plusieurs enfants ont été envoyés dans les écoles de Hobart Town. Une fois arrivés à l'âge de la puberté, un instinct irrésistible les pousse à retourner dans leurs

solitudes. Nous ne connaissons aucun autre détail sur les tentatives faites par les Anglais pour civiliser les indigènes. Ce fait, semblable à ceux de l'Australie, vient d'une source qu'on ne peut soupçonner, puisque l'auteur de la lettre, ainsi que M. Rienzi, sont bien disposés envers les indigènes.

[51] D'Omalius d'Halloy, *Des Races Humaines ou Éléments d'Ethnographie* , p. 108, Paris, 1859.

[52] Quoy et Gaimard, *Voy. de l'Astrolabe en 1826-29* , t. je, p. 46, Paris, 1836.

[53] Gliddon, *Les monogénistes et les polygénistes* , 443.

[54] *Voyage au Pôle et dans l'Océanie* , t. II, p. 109, Paris, 1846.

[55] *Loc. cit.* , p. 109.

[56] Cunningham, *Deux ans en Nouvelle-Galles du Sud* , 3e édition, v. ii, p. 17, Londres, 1828.

[57] Lessen, *Voyage autour du Monde sur la Corvette la Coquille* , exécuté sur ordre du Gouvernement français, t. II, p. 278, Paris, 1830. La description de la Nouvelle-Hollande et de ses habitants occupant entièrement près de quatre-vingts pages.

[58] Il serait superflu d'indiquer l'origine de ces différents surnoms. On peut cependant mentionner que *les livres sterling* sont les colons libres nés en Europe, et les *monnaies* telles qui naissent dans la colonie. La livre sterling avait autrefois plus de valeur que la livre sterling. *V.* Cunningham, p. 46.

[59] Ces noms ont ici une acception particulière, et ne désignent en aucun cas des enfants naturels ou légitimes.

[60] Les *canaris* sont des forçats récemment arrivés, les *hommes du gouvernement* des forçats établis, les *émancipistes* des forçats libérés, les *bushrangers* des forçats fugitifs.

[61] *Loc. cit.* , p. 108.

[62] MacGillivray, *Narration du voyage du HMS Rattlesnake* , vol, i, p. 151, 1852, cité dans Waitz, *Anthropologie* , p. 203.

[63] Malte-Brun, *Abrégé de Géographie Universelle* , p. 883, Paris, 1844.

[64] Cunningham, *loc. cit.* , vol. II, p. 65.

[65] Malte-Brun, *Abrégé de Géographie* . En réalité, la disproportion entre les individus libres des deux sexes était plus considérable que ne l'indique le récit ci-dessus, car les enfants y sont compris. Mais le nombre des enfants de la population libre s'élevait, en 1828, à 6 837, selon Wentworth (Rienzi, *l'Océanie* , p. 543). En supposant que ce nombre ne soit que de 7 000 en 1830, soit 3

500 garçons et 3 500 filles, il resterait pour la population adulte libre environ 10 000 hommes et 4 000 femmes, soit deux femmes pour cinq hommes.

[66] Henricq, *Histoire de l'Océanie* , Paris, 1845.

[67] Leçon, *Voyage autour du Monde* , t. II, p. 291. C'est en 1824 que l'auteur vivait en Nouvelle-Galles du Sud. Sous le nom de Port Jackson il comprend toute la région dont Sydney est la capitale.

[68] Cunningham, *loc. cit.* , vol. II, p. 7.

[69] M. Lesson a reçu une telle réponse de Bongarri. Cunningham le cite comme une plaisanterie constante du chef qui, ajoute-t-il, « ne cesse de le répéter ». Leçon, *loc. cit.* ; Cunningham, *loc. cit.* , vol. II, p. 18.

[70] Leçon, *loc. cit.* , raconte que Bongarri avait le bras cassé, que la fracture n'était pas consolidée, néanmoins, le chef australien utilisait son bras soit pour ramer, soit pour manier ses armes.

[71] Cunningham, *loc. cit.* , vol. II, p. 8.

[72] MacGillivray, *loc. cit.* , vol. je, p. 151. Waitz, *loc. cit.* , p. 203.

[73] Ce passage. extrait du *Voyage de l'Uranie* , est reproduit textuellement dans la *Zoologie* de M. Jacquinot, t. II, p. 353.

[74] Je ne peux pas dire si c'est également le cas dans Van Diemen's Land. Les documents ci-joints ont été rassemblés en Australie depuis 1835, c'est-à-dire à une époque où il n'y avait plus de Tasmaniens en Tasmanie. M. de Rienzi, qui avait terminé ses voyages avant cette époque, disait que les femmes de Tasmanie quittaient parfois leurs maris pour aller vivre avec les pêcheurs européens établis sur les côtes, *L'Océanie* t. III, p. 547 ; il s'agit cependant d'un fait isolé.

[75] PE Strzelecki, *Description physique de la Nouvelle-Galles du Sud et de Van Diemen's Land* , p. 346, Londres, 1845.

[76] *Journal mensuel de Med. Science, Édimbourg* , 1850, vol. XI, p. 304.

[77] Alexander Harvey (d'Aberdeen) sur le *Fœtus in Utero* , comme inoculant au maternel les particularités de l'organisme paternel, et sur l'influence ainsi exercée par les mâles sur la constitution et la puissance reproductive de la femelle. Dans le *Journal mensuel de Med. Science d'Édimbourg* , vol. ix, p. 11h30 ; vol. XI, p. 299 ; et vol. XI, p. 387 (1849-1850).

[78] Charpentier, art. « Variétés de l'humanité », dans *Cyclopædia of Anatomy and Physiology* de Todd , vol. IV, p. 1341 et 1365.

[79] Une jument de Lord Morton, couverte par un zèbre, a d'abord produit un mulet zébré ; saillie par la suite par un cheval arabe elle donna successivement naissance à trois poulains zèbres comme le premier mulet.

[80] Thomas R. Heywood Thomson, sur « l'incapacité signalée des femmes autochtones de la Nouvelle-Hollande à procréer avec des hommes autochtones après avoir eu des enfants avec un Européen ou un Blanc », dans Monthly Journal of *Medical Science, Édimbourg*, octobre 1851, vol. . XII, p. 354.

[81] Certains genres des faunes existantes, contenant *une seule* espèce, se trouvent dans des faunes antérieures représentées par un certain nombre d'espèces maintenant éteintes et différant évidemment de l'espèce unique réellement existante. [Comparez les deux espèces d'éléphants existantes avec les douze espèces d' *Elephas* et les treize de Mastodon qui existaient à l'époque tertiaire . — EDITEUR.]

[82] Il existe actuellement en Afrique du Nord, jusqu'au Sahara, une race d'hommes blonds, qui ont été considérés comme les descendants des Vandales. Il est certain qu'aucune race blanche ne s'est établie dans ces régions depuis l'époque de Genserich, c'est-à-dire depuis environ quatorze siècles. S'il en était ainsi, il en résulterait qu'un séjour de quatorze siècles sur le sol africain n'était pas suffisant pour foncer les cheveux de la race blanche. Mais Dumoulin, prenant pour guide le texte de Procope, avait déjà démontré que la race blonde de l'Afrique du Nord n'avait rien de commun avec les Vandales ; et j'ai récemment trouvé un passage dans le *Périple de la Méditerranée de Syclax* , ouvrage antérieur à Alexandre le Grand, où il est fait mention d'une tribu de Lybiens *blonds* , qui occupaient le littoral de la Petite Syrte, non loin de Le mont Auress, où réside encore aujourd'hui l'une des principales tribus des Kabyles blonds. (Voir *Bulletins de la Soc. d'Anthropologie, séance du 16 Février, 1860* .)

[83] [Comparez à ce sujet le professeur R. Owen sur *The Power of God as manifested in his Animal Creation* , 12mo, Londres, 1863, dans lequel les relations entre la science et la théologie sont parfaitement exposées . — EDITEUR.]

[84] J. Pye Smith, *Relations entre les Saintes Écritures et la géologie* , troisième édition, pp. 398-400. Ce passage est textuellement reproduit par Morton dans une lettre au révérend John Bachmann, sur l'hybridité, Charleston, 1850, en 8-15. Charpentier, art. « Variétés de l'humanité », dans *Cyclopædia of Anatomy and Physiology* de Todd , vol. IV, p. 1317, Londres, 1852. Eusèbe de Salles, *Histoire générale des Races Humaines* , p. 328, Paris, 1849.

[85] P. Sagot, *Opinion générale sur l'Origine de la Nature des Races Humaines ; Conciliation des Diversités indélébiles avec l'Unité Historique du Genre Humain* , Paris, 1860.

[86] [Les germes de la doctrine polygéniste sont cependant aussi vieux qu'Empédocle. Voir Julius Schvarcz, *Geological Theories of the Greeks* , 4to, Londres, 1862, pour le récit le plus philosophique de ces premières tentatives . — EDITEUR.]

[87] Il nous sera permis de reproduire ici quelque passage d'une dissertation de ce pieux propriétaire d'esclaves ; nous les extrayons du *Charleston Medical Journal and Review* , septembre 1854, vol. ix. pp. 657-659 : « Toutes les races d'hommes, y compris les Noirs, sont de la même espèce et de la même origine. Le Nègre est une variété frappante et actuellement permanente, comme les nombreuses variétés d'animaux domestiques. Le Nègre restera ce qu'il est, à moins que sa forme ne soit altérée par un mélange dont la simple idée est révoltante ; son intelligence est très inférieure à celle des Caucasiens, et il est par conséquent, d'après tout ce que nous savons de lui, incapable de se gouverner lui-même. Il a été placé sous notre protection (un bien joli mot). La justification de l'esclavage est contenue dans les Écritures. La Bible enseigne les droits et devoirs des maîtres, afin que les esclaves soient traités avec justice et bonté, et elle enjoint l'obéissance aux esclaves.... La Bible nous fournit les meilleures armes dont nous pouvons disposer. Cela nous montre que les anciens Israélites possédaient des esclaves. Il détermine les devoirs des maîtres et des esclaves ; et saint Paul écrit une épître à Philémon pour lui demander de reprendre un esclave en fuite. Nos représentants au Congrès ont tiré leurs arguments des Saintes Écritures, et leurs adversaires n'ont pas osé leur dire que la partie historique de la Bible (et tout ce qui concerne l'esclavage est historique) est fausse et sans inspiration ; et, ajoute le révérend John Bachmann, « nous pouvons défendre efficacement nos institutions contre la parole de Dieu ».

[88] [Voir, pour de nombreux conseils précieux sur ce sujet, *Savage Africa* , par W. Winwood Reade, 8vo, Londres, 1864.— EDITEUR.]

ANNEXE.

Formulaire N°1.

AB [indiquer ici le prénom, le prénom et le lieu de résidence habituel du candidat] étant désireux d'être admis dans la Société Anthropologique, je le propose et le recommande comme personne appropriée pour en devenir membre.

jour du 18

———————————————— d'après mes connaissances personnelles.

Formulaire N°2.

Je, soussigné, étant élu membre de la Société Anthropologique, promets par la présente que je serai régi par les règles de ladite Société, telles qu'elles sont actuellement formées, ou telles qu'elles pourront être ultérieurement modifiées ou amendées : à condition, toutefois, que chaque fois que je signifierai, par écrit à la Société, que je désire retirer mon nom de celle-ci, je le ferai (après le paiement des cotisations annuelles qui peuvent être dues par moi à cette période, et après avoir renoncé à tous livres, papiers, ou autres biens appartenant à la Société, en ma possession ou qui m'ont été confiés,) être libre de cette obligation.

Témoin de ma main, ce
jour du 18

Formulaire N°3.

MONSIEUR ,

Je suis chargé par le Conseil de la Société Anthropologique de vous informer que, d'après leurs livres, la somme de ———————————— était due au titre de votre contribution annuelle le premier jour de janvier dernier ; dont le paiement est demandé dans les plus brefs délais.

Je dois également vous informer qu'AB a été nommé collecteur de la société ; et que afin de vous épargner la peine d'envoyer votre contribution, il a été chargé par le Conseil de vous attendre pour la même chose.

J'ai l'honneur d'être, Monsieur,
Votre très obéissant Serviteur,————————————

Trésorier .

FORMULAIRE N°4.

MONSIEUR ,

Je suis chargé par le Conseil de la Société Anthropologique de vous informer que, d'après leurs Livres, la somme de―――――――――― était due au titre de votre Contribution Annuelle le premier jour de janvier dernier : le dont le paiement est demandé dans les plus brefs délais.

Je dois également suggérer que le montant de votre contribution peut être facilement versé par un mandat postal, payable au General Post Office de Londres, à mon ordre.

J'ai l'honneur d'être, Monsieur,
Votre très obéissant Serviteur,――――――――――

Trésorier .

FORMULAIRE N°5.

Officiers.	actuel Les membres sortent.	Par le Conseil	Les membres proposent d'entrer. Par n'importe quel membre dissident
Président			
Vice-PrésidentVice-PrésidentVice-PrésidentVice-Président			
SecrétaireSecrétaire			
Secrétaire aux Affaires étrangères			
Trésorier			
Conseiller――――			

――

――――――――――